U0120856

至死方休

一名东线机枪手的回忆录
1943-1945 年

[奥] 安德烈亚斯·哈廷格（Andreas Hartinger）———— 著

小小冰人————译

台海出版社

著作权合同登记号：图字 01-2024-2379

图书在版编目（CIP）数据

至死方休 ：一名东线机枪手的回忆录 ：1943-1945
年 /（奥）安德烈亚斯·哈廷格著 ；小小冰人译 . -- 北
京 ：台海出版社，2024.5
书名原文 ：Until the Eyes Shut: Memories of a
machine gunner on the Eastern Front, 1943 - 45
ISBN 978-7-5168-3843-3

Ⅰ . ①至… Ⅱ . ①安… ②小… Ⅲ . ①汉斯·卡尔—
回忆录—1943-1945 Ⅳ . ① K835.215.2

中国国家版本馆 CIP 数据核字 (2024) 第 082391 号

至死方休：一名东线机枪手的回忆录 1943-1945 年

著　　者：[奥] 安德烈亚斯·哈廷格（Andreas Hartinger）
译　　者：小小冰人

出 版 人：薛　原　　　　　　　　　　责任编辑：曹任云
策划制作：王云欣　　　　　　　　　　封面设计：戴宗良

出版发行：台海出版社
地　　址：北京市东城区景山东街 20 号　　邮政编码：100009
电　　话：010 - 64041652（发行，邮购）
传　　真：010 - 84045799（总编室）
网　　址：www.taimeng.org.cn/thcbs/default.htm
E - mail：thcbs@126.com

经　　销：全国各地新华书店
印　　刷：重庆长虹印务有限公司
本书如有破损、缺页、装订错误，请与本社联系调换

开　　本：787毫米×1092毫米　　　　1/16
字　　数：113千　　　　　　　　　　印　　张：8.5
版　　次：2024年5月第1版　　　　　印　　次：2024年5月第1次印刷
书　　号：ISBN 978-7-5168-3843-3

定　　价：69.80元

走啊，继续前进，

至死方休……

脸上的褶皱
依然警觉的双眼
讲述了他
昔日的故事

他的话语
谦逊谨慎
一辈子
失意悲哀

聆听、记录
他的经历
为我人生路
提供了勇气

黎明破晓
他生命将逝
或悲痛难抑
但势必永生

光留我心
矢志难忘
纾忧解痛
毕生永思

——安德烈亚斯·哈廷格《外公》

目录

CONTENTS

引言

以下讲述的是我外公汉斯·卡尔的战时经历。1925年某个炎热的夏日，他出生于奥地利东施蒂里亚，所以二战期间他还很年轻。我小时候，他经常跟我说他的战时经历。那时候，他的故事我大多听不太懂。他讲得过于浪漫美化，真伪莫辨，至少在我这个孩子看来是这样。直到我逐渐长大，想起他当初说过的事情，才理解了他的经历。

我不想对他的一生做出个人评判，只是觉得应该把他不凡的青春和战时经历写下来。于是，我们展开细致的工作，一次次谈话涉及许多令人心绪不宁的内容，最后我和外公终于完成了心愿，他非凡的记忆力，以及他战争期间和战后的详尽笔记帮了大忙。

外公这辈子不是在公园散步，无所事事地度过。他是贫穷农民家庭的长子，也是唯一的儿子，家里的日子过得很拮据，每天劳作不休。但恶性通货膨胀还是让他们的大部分储蓄和财物化为乌有。

尽管年轻的奥地利共和国调整了货币政策，可灾难还是迅速降临，完全不以政治领导人的意志为转移。结果，全球经济危机在20世纪30年代初期席卷奥地利，到1933年，失业人数已高达56万。制造业遭受的打击尤为严重，农民至少还能自给自足。仅仅几个月，国债增加了三分之一。民众的不满情绪与日俱增，尤以年轻人为甚。1934年2月，压抑已久的怒火终于引发内战，数百人丧生。奥地利政府随后出台了新的独裁宪法，以及限制外交政策自由度的法规，但此举导致奥地利进一步脱离欧洲其他民主国家。

出于这个原因，奥地利公民在20世纪二三十年代大多经历过失业。另外，奥地利政府没过多久就无力支付足够的失业救济金。所谓的"调整"就是取消社会福利，剥夺了给予民众的一切财政支持，这项政策犹如民众头上不停晃动的绞索。没有收入，如何养活家人？饥饿、失意、对当局的仇恨、无法掌握自身命运的绝望感，都是当时的日常话题。

但黑暗尽头出现了一丝希望的光线。有传言称，友邻的德国有个新政党，还执掌了政权，那里人人有工作，衣食无忧。谁都想过吃得饱、穿得暖的安稳日子，这种承诺很容易打动民众。奥地利就这样翻开了险恶的新篇章。

事后看来，本该"终结一切战争"的第一次世界大战，其实是下一场灾难的根源。《凡尔赛和约》并没有让德国人吸取教训。颇具先见之明的法国陆军元帅福煦说过："这不是和平条约，仅仅是二十年的休战协定。"

的确，历史自有它的发展规律，最终在东施蒂里亚山区的偏远角落与一个年轻人相遇。这就是当时的背景，他的历程即将开始……

序幕
一月的某天

　　此时我在东线已经待了一个月。我和几名战友在尼科波尔登陆场附近据守班组阵地。除了一个阿尔萨斯人，我们都来自奥斯特马克，奥斯特马克是1938年德奥合并后，纳粹对奥地利的称谓。我们的班长是个山地兵二级下士，也来自施蒂里亚。跟我们不同，他和那个阿尔萨斯人很有战斗经验。班组阵地通常是一座固定掩体，外加几条狭窄的散兵壕，我们依托这些工事与敌人战斗。先前的激烈交战严重削弱了德军防线，我们现在分段扼守，而不是据守绵亘的防线。我们最重要的武器是重机枪，为此构筑了几个精心伪装的发射阵地。

　　为防范敌人突然袭击，我们轮流守卫前沿阵地。给我们运送口粮和弹药必须以夜色为掩护，这项任务很艰巨，也很危险，因为此处地势平坦，能见度可达数英里。当然，敌我双方面临的状况如出一辙。

　　班里的战友平均年龄20岁，可一个个看上去十分苍老。寒冷、饥饿、疲劳、持续不断的战斗让我们筋疲力尽，看看大家深陷的眼窝就会发现，我们再也没有一丝孩子气。年轻人的神采和纯真早已不复存在，取而代之的是人类另一副可怕的面孔。要么杀人，要么被杀，我们不想这样，但别无选择。

　　堑壕战期间，敌人经常发起深具针对性、通常都很大胆的突袭。一月份某个寒冷的夜晚就发生了这种事，红军侦察队突然袭击我方阵地。当时我刚下岗，回到掩体解下皮带，把半自动卡宾枪放在角落，朝稻草睡袋走去，打算好好睡上一觉。我疲惫不堪，不想再脱掉靴子或作战外套。即便待在掩体里也冷得要命，尽管如此，我刚倒下就沉沉睡着了。前线很平静，静得有些怪异。

突然，照明弹的发射声响起：发射照明弹通常是为了探明疑似敌人的动静。这种情况很常见，可随后传来我方年轻哨兵压低嗓音的警报。掩体里的人跳起身冲了出去，二级下士也在其中。我抓起卡宾枪，顺手拎了个满满当当的子弹箱。照明弹闪烁的亮光照亮了年轻哨兵苍白的面孔，他汇报道："二级下士，前方50米开外有动静！"

每挺机枪由两名射手操作，我是副射手，主射手是那个阿尔萨斯人。他刚把MG-42机枪上冻得硬邦邦的帆布罩掀开，战斗就打响了。一轮轮冲锋枪齐射火力在周围掠过。密集的子弹犹如闪电，击中我们身后的堑壕壁。此刻根本没时间思考，阿尔萨斯人扣动扳机，朝前方草原倾泻弹雨。第一条弹链很快射光了，机枪短促刺耳的连发声在夜幕中回荡。我迅速换上第二条弹链，我们如今是个训练有素的机枪组。突然，我用余光瞥见二级下士冲了出去，他高声喊道："手——榴——弹！"猛地扑向右侧。手榴弹落在发射阵地不远处。我们本能地伏下头，躲避纷飞的弹片。

我不由得想："太近了，那个疯子想干掉我们！"

冰冻的土块四散飞溅，我们回到自己的位置，继续开火射击。苏联人丧失了突然性，夜色的掩护也不复存在，他们别无选择，只能撤离。所有武器猛烈开火，红军士兵退回己方堑壕，和来的时候一样，悄无声息地消失了。

为确定敌人已撤离，我们在阵地上又待了一会儿。我是副射手，任务是确保弹药充足，于是朝掩体走去。途中遇到二级下士，他嘟囔着："太近了，实在是太近了！"

起初我没听明白，拂晓后才发现，他站立的那条浅沟离我们的机枪阵地5米左右，一名红军士兵倒在沟里，满身弹片，冻僵的手里仍攥着配有弹鼓的苏制"波波沙"冲锋枪。他穿着白色伪装服，离我们的阵地近得危险。弹片在他身子右侧撕开个大口子，血流了一地。从留在雪地上的痕迹判断，他悄然逼近，至少爬行了50多米。我们的二级下士无疑发现了动静，要不是他迅速做出应对，简直不敢想会发生什么情况，我们可能会送命，更可怕的是去西伯利亚蹲大狱。

第二天晚上，苏联人去而复返，这次来得悄无声息，是为了把阵亡战友的尸体带回去。次日晨，雪地上只留下一片血迹……

第一章
童年和少年时期

我家在东施蒂里亚山区的一片小农场里，此处堪称"山间别墅"，是家族世代相传下来的。住在这里的农场居民统称"山里人"，他们在难以耕种的山顶上劳作，收入微薄。无论在经济还是社会层面，他们都归为下层农民。要是以拥有土地的面积和牲畜数量评判，他们的地位与兼业农民或佃户相当，甚至被列为下人，就连山下的富裕农民也不待见他们。可山里人对自己的家园和大自然有种难以割舍的感情，始终保持偏远边陲山区的古老习俗和生活方式。

我们家的产房也是育婴室。后来，我不得不跟两个妹妹同住一个房间。家里还有父母的卧室和一间简陋的浴室，厨房是全家人吃饭、交流的地方。整栋房屋主要以木材、黏土、稻草建成，直到很久后，部分居住区才以黏土烧制的砖块翻建，而牛棚和毗邻的猪圈，木板顶棚仍用木栓钉在椽子上。

农场北面，一道茂密的野生树篱提供了庇护，多少能抵御恶劣的气候。这道树篱与树林边缘相接，我们后来在那里搭设了简单的木板栅栏。树篱旁种着各种果树，贫瘠的寒冬腊月，这些果树成了我们的救星。村里的女人把苹果、梨、李子晒干，放入手工编织的小篮子，再把篮子搁在厨房上方的阁楼里。捡落果的活儿交给我们这群小孩，村里的男人负责榨果汁。

一块块小田地和高山草场向南面和东面延伸。除了健壮的耕牛，一排排悉心照料的葡萄藤同样是山里人的骄傲。要不是战争爆发，我本来会在这座农场度过一生，就像父亲那样。

第一次世界大战期间，父亲效忠皇室，加入奥匈帝国军队，在普热梅希尔要塞之战中身负重伤。康复后，他又参加了伊松佐河的一连串战役，跟意大利人作战。

忙完一天的农活，我们经常坐在厨房里，父亲给我们讲述战争期间发生的事情，特别是冬季漫长而又酷寒的几个月。他说的故事，不仅有攀越陡峭悬崖发起的大胆突袭，也有他多次差点送命的经历。这些故事讲述的是个完全陌生的世界，与我们相对平静的日子毫无共同之处。我托着头，满怀期待，听得如痴如醉。父亲一次次心满意足地吸着烟斗，回忆片刻，朝屋顶吐出嘴里的烟雾，然后说道："好了，好了，亲爱的孩子，那时候的日子很难挨，可现在一切都挺好。"

待他滔滔不绝地说了一大通，磕磕烟斗里的烟灰，我们就知道该睡觉了。母亲早已在炉灶里热了三块圆石，她用几层厚布裹好石块，塞入我们的被褥，放在几双小脚丫旁边。这股暖意在冰冷的床单上迅速蔓延，能持续好几个小时。夜里我被冻醒，就用脚把石块勾到身上。待我够到石块，就掀开冰凉的裹布，把石块紧紧搂在胸前，汲取最后一丝热量。随后我再次愉快、舒适地睡着了。

在我们这些年轻人看来，帮着做各种家务再正常不过。"年轻人"指的是我们这群5岁以上的孩子。所有土地都得徒手耕作。这些农活始于春季种植土豆，母亲挖坑，我们几个撒下种子。夏季收割谷物，我们把收集的秸秆和谷穗分开堆放。收获随之到来，接着就要打谷。最后是秋季，我们这些孩子负责捡落果。除此之外，屋内和马厩里总是有活儿要干。

1931—1939年，我上小学。我和两个妹妹步行上学，去要一个小时，回来也要一个小时，无论风和日丽还是雨雪交加，天天如此。平日里，我会在清晨5点牵着几头奶牛出去吃草，干完活儿才去上学。真有空闲时间的话，我们就玩躲避球，甚至搞点奇怪的恶作剧。当然，冬季我们玩雪橇，房子南北两面的陡坡是个好去处。

我很怀念童年，那时候我们过得无忧无虑，与大自然和谐相处。我们觉得生活宛如一场大冒险，整个成长过程严格、充满艰辛。回想起来，那段日子有时候可能挺枯燥，完全是条件艰难造成的。农场里还有更艰苦的活儿要干，为维持生计，每个孩子都得从野外获取额外的产出。后来随着年龄增长，我也帮着大人宰猪杀鸡，这可是件喜庆的大事，因为我们的饭桌上很少能见到肉。

可恰恰是这段艰辛的日子，让我能应对苏联广阔的平原和被俘后的恶劣条件。我们凄惨的后撤期间，那些身体虚弱的战友躺在路边，不是负了伤就是耗尽了体力，祈求给他们一把手枪了结眼下遭受的痛苦。时至今日，那些场景依然浮现在我眼前。我一直竭力摆脱痛苦的回忆，所以经常想起童年的经历和那时候受的教导。

尽管我的童年过得无忧无虑，但很快就结束了。小学毕业后，1939—1941年，我在本地的农学院就读。我们这群年轻农民，在学校里学到农业和畜牧业的各种知识。学校每周只上一次课，剩下的时间，我们尽职尽责地帮助附近村庄发展农业。更重的活儿，例如挖坑或在田地里开排水沟，每个人都得帮忙，家属、邻居，老老少少全体上阵，根本不用人催。相互帮忙很常见，这是山里人不成文的规矩。

德奥合并后不久，"希特勒青年团""德国少女联盟"等青年组织在奥地利各地兴起。这些组织为新上台的统治者提供了新的人力资源库。战争迫在眉睫，为实现新政权雄心勃勃的目标，每个有能力的团体都得尽己所能。1941年6月，我参加了入伍前的军训，欧洲战争此时已持续了近两年。

附近的村子有个"希特勒青年团"营地，那里搭了些木制营房。军训历时三周，我们第一天就穿上军用衬衫。营地的值班表跟军队儿乎没什么区别，我们每天要朝古老的城堡废墟跑个来回。我们都是年轻农民，一个个健壮魁梧，这些体力活儿根本不在话下。

我们学习了基本军事技能和知识，例如行军、野外操练、辨识方向、遵守纪律、战友情谊等。他们还开设了突击课程，专门模拟战斗中的动作。我右眼视力不太好，所以小口径步枪射击成绩不如其他人。那时候，营地中央有个池塘，要是上级对某些情况不满意的话（例如检查营地时发现不尽如人意的地方），会命令我们跳入池塘。他们觉得这是个惩罚，至少他们是这么想的，可我们觉得很有趣。不过，大家严守秘密，谁都没透露内心的真实想法。

上级命令我们住在营房里，主要目的是让我们不受平民生活影响。某天，父亲骑着自行车来看我。哨兵把他拦在营地门口，他找指挥官狠狠抱怨了一通，他们才让他进去。营地指挥官说，他（我父亲）是个经历过战争的老兵，当然有权看看儿子接受的训练。父亲给我捎了些苹果和干净的内衣。

那时候，我们都不太清楚战事会变得多么严重。我们觉得"希特勒青年团"更像个休闲营地。班里的同学，没有谁被迫加入该组织，大多数人也没加入"希特勒青年团"。我那个年龄，从没想过积极投身政治。军训不过是日常生活中可喜的变化。没人想过冒着炮火冲向敌人，或举枪瞄准一个也想活下去的人意味着什么。我父亲是知道的，但他确实不清楚我们这群年轻人日后要面对些什么。

第二章
军人是怎样炼成的

1941年8月，对苏战争开始后没多久，我和这片偏远地区的另外四个小伙应征入伍。那时候我刚满16岁。我们前往菲尔斯滕费尔德，我的校友托尼也在其中，他住得离我家不远。命运注定我们在苏联境内几个地方不期而遇。托尼是第144山地猎兵团某猎兵排的狙击手，而我是第138山地猎兵团第1营第4重武器连的机枪手。两个团都隶属第3山地师。

入伍手续在镇中学办理，这里的现代化校舍看上去很不错。通过验兵体检后，我们列队在镇内绕了一圈。打那时起，每个周日去教堂，我们都会在传统外套的翻领上戴一枚编花饰物。办完入伍手续，接下来就是丰盛的午餐，执政党以此装点门面，费用由镇长支付。我们大快朵颐，平生第一次喝了啤酒。

在我这个年轻农民看来，参军入伍是人生大事。奥匈帝国的传统对我影响很深，通过入伍体检也意味着我日后有能力接管小农场，把学到的知识发扬光大，顺顺当当地结婚生子。另一方面，要是通不过入伍体检，那可是一辈子的耻辱。刷下来的年轻人往往会背井离乡，去其他地方讨生活，不是当农夫就是去农场干活，以此过完一生。那些缺乏特殊才能的人，很难摆脱悲惨的生活。偏远边陲地区的所有酒馆餐桌上，众人普遍认为，冒着生命危险效忠皇帝和国家，是山里人至高无上的荣耀，简直就是一门最大的生意。战争、重大战役、艰难险阻、遥远国度的种种故事，与丰收、反复无常的恶劣天气等谈资同等重要。每代人就这样把男子汉气概的精髓灌输给下一代。当然，每个人都对自己具备军事体能深感自豪，从这一刻起，他会对缺乏这种"高贵品质"的人嗤之以鼻。

不过，我们加入德国国防军执行前线勤务前，还得在所谓的帝国劳役团干上几个月，把体力奉献给国家。就我而言，这段日子始于1943年1月12日，一直持续到4月9日。我从菲尔斯滕费尔德乘火车前往莱茵兰区的海德堡，在那里跟200多个东施蒂里亚人同一天加入内卡格拉赫的帝国劳役团营地。

我们获得了军用装备，把装有个人物品的行李箱直接寄回家。我们连编有4个排，总共250人左右。连里还有些巴伐利亚人。我们之间没有文化或语言差异，从一开始处得就很融洽。相互接受的和睦关系无疑加强了我们对新帝国的归属感。

我们的日常生活，跟当初在"希特勒青年团"军训营的日子很相似。日出后我们立即展开晨练，随后乘卡车去西格弗里德防线从事劳务，20世纪30年代修筑的这道防线是为了抵御法国军队。德国前几年战胜法国后，不再需要这些防御工事，所以必须拆除。可再次使用的材料，例如电缆、防坦克障碍、掩体等，都要用于其他地方。整片地区布满堑壕和陡坡。工作很辛苦，也很累人。

帝国劳役团的任务临近结束时，我们又奉命去附近几个大型农场干活。这些农场比家乡的小农场大得多。我对此处的回忆很美好，特别是对一位农民，他在当地开了个小酒吧。这份好感主要因为他生性慷慨，总是让我吃饱喝足，尤其是某天，我们用奶牛充当耕牛，种下燕麦后，他盛情款待了我们。

总而言之，这段日子过得还不赖。当地人很友好，对我们也很尊重。只是有那么一刻让人不敢想象。我们接到任务，为后续耕种清理土地，由于没有合适的机械设备，全连不得不跪在地上爬行，徒手从坚硬的土壤里拔出石块。辛苦的操劳，仅仅是为了获得一公顷耕地。德国军队捷报频传，我不明白这番忙碌的意义何在。我们的国防军不是刚刚在肥沃的乌克兰征服了大片地区吗？东方的生存空间难道不够大，不足以养活德意志帝国？

算了，不多想了。战前训练期间，我们还学会了一些新的军事操练方式，例如一边行军一边唱歌，肩扛铁锹列队行进等。从一开始我就很喜欢，主要因为这两种操练方式通常用在风景如画的内卡河岸上。

这段日子过得很充实，虽说有些辛苦，但很愉快。之后我回父母的农场待了几个月，直到1943年6月才收到征召函。信里要求我6月23日去马里博尔第138山地猎兵团的营地报到。那是个训练、补充兵营，任务是为目前在东线鏖战的第3山地师提供他们需要的补充兵。当时，第三帝国发动的战争进入第四个年头，同时在几条战线作战。为弥补兵员不足，从1943年起，国家开始征召1925年出生的青年入伍。

马里博尔是我即将入伍的地方，这座美丽的城市满是奥匈帝国风格的建筑。我们的四层兵营也是前奥匈帝国统治时期的遗物，已经做好接收新兵的准备。我们按身高分配到各分队，这是典型的普鲁士做法，确保每个营阅兵时整齐划一。我个头最矮，结果分到第8连。我在这个新家庭跟其他人处得很好，连里的气氛也很亲切，但训练任务对我们所有人提出很高的要求。

值此战争后期阶段，基本训练只持续了四个月，重点置于战斗训练。队列操演这些更正规的训练退居次位，因为帝国眼下需要战士，而不是阅兵式军人。有一次，我们跨过德拉瓦河上的桥梁时，我忘了向一名军官敬礼，他立马把我训斥了一通，还吩咐我第二天早上去找他接受惩处。我是个顺从听话的士兵，但性格也教会我精明行事。

不用说，我第二天早上没去找他，而是决定见机行事。当天上午的培训课由那名军官讲授，他提到此事，让所有人引以为戒，还要求涉事者找他接受惩处。我当时坐在第一排，就在他面前，可他没认出我。就这样，我逃脱了行为失检的小过错本该受到的惩罚。

还有一次，我们去格拉茨体检。我告诉医生，我右眼视力欠佳。值班医生没太在意，但他似乎觉得我有点懒懒散散，还在写给我们指挥官的信里正式指出这一点。不过，他派我转交信件。我怀疑他在信里写了些不中听的话，于是在回去的火车上拆开信封。信里的内容证实了我的怀疑，我觉得最好让这封信消失。我立马扔掉信件，事后没人问过此事，但我确信自己免了一大堆麻烦事。

四个月培训的后半期，战斗训练彻底取代了基本训练。我们只有周日才放假，当天可以换上最漂亮的衣服去马里博尔城内逛逛。我接受了手枪、98K卡宾枪、MG-42机枪训练，很快学会了操作各种武器和另一些战斗技能。我的班长是个山地兵二级下士，来自费尔德巴赫地区，就在我老家旁边。他先前在前线获得一些作战经验，现在尽力让我们为接下来要发生的事情做好准备。训练期间，他从来不会过于严格。出于年轻人的好奇心，我们问他上前线是什么感觉。我得说，他没有坦率地道出实情。同苏联人作战究竟有多艰巨，他对此缄默不语。也许他只是不想打破我们的幻想，因为等待我们的现实极为严酷，那些幻想多少能让我们免受影响。不过，我很快目睹了实情。到尼科波尔登陆场待了几天，我就明白了前线的真实状况。

9月初，我获准回家休假两周，最后一次帮父母干了些农活。他们把这种休假称为"丰收假"。归队时，我给喜怒无常的值班中士带了30

个鸡蛋，打那以后，我跟他处得挺好。我们的基本训练即将结束，部队多次通报游击队构成的威胁。上级下达了命令，万一响起警报，我们就得进入马里博尔城郊阵地，在那里借助夜色掩护挖掘散兵坑，等待敌人来袭。但此类袭击事件从没发生过，我也没见到任何游击队员。

此时我们也觉得各种威胁越来越严重。投入部署前，我最后一次回家休假。离开马里博尔时，我领取了步枪和野战背包。我穿着漂亮的军装，军帽上的雪绒花徽标熠熠生辉，两个妹妹看得艳羡不已，就连父亲显然也对我当上山地兵深感骄傲。按照命令，我11月27日必须到格拉茨的弗朗茨·约瑟夫皇帝兵营报到。跟家人道别实在不容易，母亲和两个妹妹最后一次跟我拥抱时泪流满面，父亲是个永远不会丧失冷静的人，他握着我的手，嘟哝了几句鼓励的话。

我们从格拉茨开赴克拉根福的克芬许勒兵营，从马里博尔赶来的第7连、第8连同我们会合。我们和另一些分队及伤病康复者，组成千余人的行进营。全营官兵营养不错，一个个身强体健，既有年轻人，也有中年人。以这种形式把补充兵送往前线，是德国国防军的常见做法。各行进营配发了步兵轻武器，以防途中遇到麻烦。待到达前线，这些行进营就地解散，营里的士兵分配到各连队。

1943年11月最后几天，天寒地冻，我终于离开祖国，为基本上不是我的事业而战。但和许多人一样，我得为国效力，就像父辈和祖先当年做的那样。那时候我18岁，风华正茂，即将踏上征程，待我回来，会成为众所瞩目的人。

第三章
尼科波尔登陆场

他们在克拉福根把我们塞入几节货运车厢，从那里取道匈牙利和罗马尼亚，前往黑海岸边的大港口敖德萨。待我们到达那里，全营换乘卡车，赶赴尼科波尔登陆场。几小时后，我们在尼古拉耶夫附近利用充气桥渡过布格河。此时的温度略高于冰点。我们离第聂伯河畔的阵地还有250千米。1943年12月11日，我们终于到达尼科波尔镇，随后由西向东渡过乌克兰这条宽阔的河流。

我们刚刚到达，两架"鹳"式轻型飞机降落在附近的野地。这款小型飞机是专门为短跑道打造的。四名身着白色羔羊皮外套的军官走下飞机，其中一人是后来被擢升为陆军元帅的舍尔纳将军，素以坚定无畏著称。要是他亲自指挥的话，就说明情况不妙。全营列队集合，舍尔纳将军检阅部队，随后发表了讲话，时至今日我依然记得他说的那番话：

"新来的士兵，立正！老战士，稍息！伙计们，登陆场的战斗会非常艰巨。对面的敌人调集了援兵，很快会发动进攻。为了祖国的利益，我们要英勇奋战，顽强坚守。我知道，我的山地兵完全值得信赖！"

准确地说，尼科波尔的锰矿和冶炼厂对德国国防工业具有重要的战略意义，特别是对特种钢和铝合金的生产。德国军队占领该地区，立即改造了相关设施，仅仅一年后，这里就为德国提供了战时经济需要的

90%左右的金属。

夜色下，我们排着长长的队伍开赴前线，很快遭受了首批伤亡，主要是弹片和跳弹造成的。我们苦涩地觉察到即将面对的状况。突然，行军纵队前后左右腾起照明弹，瞬间照亮天际。机枪咯咯作响，射击声此起彼伏，一枚枚手榴弹炸开，弹丸在空中呼啸掠过。毫无疑问，此处爆发了激战，在家乡以东1500千米的地方。此时，就连我们当中最有经验的士兵也毫不怀疑，接下来几个月，这段距离会逐渐消失。

待到达目的地，我们立即被分配到各连队。我们的指挥所设在当地两座农舍之间。由于我受过机枪训练，所以分配到第4（重武器）连，隶属第138山地猎兵团。12月12日晚到13日清晨，我终于第一次站岗放哨了。连里有个战友是阿尔萨斯人，负责给我带路。他指给我看苏联人的阵地，还叮嘱了注意事项。他说他在前线已经待了一年，因为喜欢山地，所以当了山地兵。他语带讥讽地表示，到目前为止他还没见到高山，但他期盼我军再次攻往高加索山区，到那时他就能如愿以偿了。

这里的地形很平坦，放眼望去，几英里①内的动静看得清清楚楚，不过，大白天把头探出堑壕的话，无异于自杀，红军狙击手会朝一切移动的目标开火。离我们最近的己方部队大约在100米外。面对敌人即将发动的进攻，为相互支援，各处阵地的射界总是重叠的。

整片地区覆盖着一层薄雪。此时的气温在零下5摄氏度左右，伴有强劲的东风，刚好从我们这里刮过。幅员辽阔的苏联国土令我惊叹不已。东施蒂里亚的故乡，山丘和森林环绕，每座山上都有个农场，周围是田野。可这里的荒原没有任何伫立的东西，没有灌木丛，没有树木，

---

①1英里约为1.61千米。

也没有房屋。我突然想到，穆尔河是迄今为止我见过的最大的河流，而在苏联地图上，这种河流根本不值一提。相比之下，把登陆场与内陆隔开的第聂伯河，好几处河段的宽度超过500米！

不出舍尔纳将军所料，红军很快发动了进攻。12月19日早上7点，他们对第3山地师的阵地实施猛烈的炮火准备。我刚睡着，就感觉到周围的地面在震颤。阿尔萨斯人叫醒我："汉斯，快起来，做好准备，您马上能见到苏联人了！"

我的心怦怦直跳。一发发炮弹落在附近，掀起的雪尘在掩体粗陋的房门两侧飞舞。我们坐在掩体里，紧张地等待着。只有二级下士仍在吸烟，借助苍白的烛光写信。我是个新兵，肯定无法像他那样冷静如常。在我看来，身处前线最大的心理压力始终是无休止的等待。眼睁睁地看着周围的一切遭殃，自己却无所事事，负罪感油然而生。

炮击极为猛烈，很快就无法区分各门火炮的单独射击声。二级下士说，他经历过比这还猛烈的炮击。他估计敌人企图打垮我方阵地，然后再发起地面突击。我当时无法想象，还有什么比如此猛烈的炮火更可怕的事情，但东线每次都让你学到新东西，特别是在进攻方急于消灭对手的情况下。

炮火突然停了，我们赶紧冲出掩体。我背着机枪三脚架，手里端着卡宾枪，朝第一处机枪阵地跑去。可敌人的炮弹直接命中了机枪发射点，这处阵地已无法使用。

"变更阵地，动作快点，快点！"阿尔萨斯人在我身后喊道，还朝我背上狠狠拍了一巴掌。我们拖着沉重的装备，气喘吁吁地朝备用发射阵地跑去，总算及时到达。我迅速架好枪架，右腿抵着堑壕壁，左腿平放在胸墙上，固定好机枪，塞入弹链，子弹上膛。我的目光兴奋地扫过烟雾弥漫的平原，等待目标出现。

没过多久，数百个红军士兵从他们的堑壕里冒了出来，犹如一股股棕色波浪，在坦克掩护下朝我们涌来。我觉得后背发凉，心脏剧烈跳动，就好像不愿接受眼前这一幕似的。我咬紧牙关等待着。我们先前把地面上一处明显的突起部设为开火线。突然，各班组阵地上的机枪响了，我们也不甘落后，一挺挺机枪咯咯作响。我方炮兵发射的炮弹，从上方呼啸掠过，落在我们阵地前方不远处。苏联人根本无法穿过这堵铜墙铁壁。原先朝我们驶来的敌坦克突然转向西南面，扑向那里的通道。敌人的主要目标显然不是我们，而是第144山地猎兵团，他们的阵地就在我们右前方，靠着第聂伯罗夫斯卡村。

我们击退敌人几次冲击，从稍高处的阵地上观看了剩下的战斗。苏联人企图突破我们巧妙构造的发射阵地，结果遭到猛烈打击，付出了高昂的代价。身着棕色军装的红军士兵，一堆堆倒在中间地带。今天我终于明白了当初在马里博尔接受训练的重要性。装弹、发射、变更阵地、瞄准，所有动作完成得顺顺当当。亲身经历的第一场战斗把我吓得够呛，全凭身体的本能动作才让我渡过难关。苏联人死伤惨重，我们这挺机枪的侧射火力更是让他们付出了巨大的代价。

和我不同，阿尔萨斯人始终冷静如常。他射出的火力，放倒一排排苏联人，最终迫使对方退却。大规模杀戮就这样开始了，无论愿不愿意，我都在这里，置身屠宰场当中。

不过，敌人在第144山地猎兵团防区取得更好的进展。正如前面说过的那样，我的校友托尼在该团服役。他经历了当天的激战，也活了下来。后来我们在前线巧遇，他跟我说起当时发生的更多情况。双方展开长时间的艰巨交战，敌人最终突破了斯塔沙诺夫村周围的德军防线。主防线很快破裂，疯狂的厮杀随之而来。托尼刚想把新弹夹塞入狙击步枪，一个士兵挺着刺刀朝他扑去。他赶紧闪到一旁，险险躲过对方的致命一击，随即抡起枪托，砸中苏联人的脑袋。身边的战友都已阵亡，托尼杀开血路逃回连指挥所，好几次与苏联人的坦克并肩而行。

这里的每个人都为自己的生存而战。战场上的情况极为混乱，有些德军士兵甚至跟自己人厮杀起来。红军坦克驶过几条堑壕，冲向德军炮兵阵地。我们从稍高处的阵地上，清楚地看到整片战场的态势。英勇的山地兵甚至把汽油罐放在敌坦克引擎盖上，随后开枪射击，企图引燃坦克。这种自杀式行动，通常以孤身勇士的牺牲而告终。最后，德军发起反冲击，一举粉碎敌人，扭转了岌岌可危的局面。整个上午，敌人一直企图夺取伸向第聂伯罗夫斯卡的通道，但徒劳无获。他们丢下无数死者，以及大批烧毁的坦克。

1943年12月19日，我经受了战火洗礼，这场激战是我这辈子遇到的最重要的事情之一，一切都不同了。面对恐惧和精心安排的大规模杀戮，我这个年轻人的无忧无虑彻底消失了。我们的二级下士无疑也知道。我傍晚下岗后返回掩体，他拍拍我的肩膀，掏出个饰有雪绒花的破旧扁酒瓶，倒了杯杜松子酒递给我，以父亲般的方式对我简短地说道："您今天打得很好，会习惯的。"

就连我这样的新兵也知道敌坦克为何要竭力控制主要补给路线，因为这条道路穿过第聂伯罗夫斯卡和沃加内，直通第聂伯河渡场。第聂伯罗夫斯卡基本上是个贫穷、遍地泥泞的草原村庄，我们的前进补给点和几个指挥所设在村内。严冬这几个月，第3山地师官兵眼中的宇宙中心就是第聂伯罗夫斯卡村，我们的性命取决于能否守住该村。要是敌人攻占第聂伯罗夫斯卡村，就切断了我们身后的交通线，我们只能分别跨过寥寥几座临时搭设、通往河北面的桥梁。这些桥梁不是为快速后撤设计的，更别说用于整支部队的退却了。我们在圣诞节前经历的激烈交战，接下来几天和几周多多少少会持续下去。

德国国防军最高统帅部1944年1月1日发布公报，谈到我们这片作战地域的情况："苏联人实施了猛烈的炮火准备，以坦克和战机为支援，重新对尼科波尔登陆场发动进攻。德国军队以大规模反突击击退敌人。敌人损失惨重，大批坦克遭击毁。"

苏联人的进攻很快成为常态，但我们确信，只要弹药充足，第24装甲师在身后提供支援，我们就能应对一切状况。至于口粮，我们班不得不派一两个士兵，借助夜色掩护赶往卡缅斯克，替班里的战友把饭盒打满。

有一次轮到我去打饭，途中看见许多阵亡的山地兵躺在道路两侧，身上盖着防水帆布。他们可能是在争夺第聂伯罗夫斯卡村的战斗中牺牲的。凛冽的寒风把帆布吹得噼啪作响，帆布卷起，我看见尸体上可怕的伤口。一具具尸体面目全非，几乎难以辨识，没了四肢，胸部和腹部的弹孔很大。我当时暗自思忖，他们至少死得很快，没遭太大罪。

在另一次去打饭的途中，突然响起吓人的尖啸，我赶紧跳入旁边的沟渠，躲避袭来的炮火。我当时以为是苏联人发射的喀秋莎火箭弹，但很快明白过来，是我方的多管火箭炮正以燃烧弹覆盖敌军防线。一发发火箭弹从空中呼啸掠过，身后拖着浓浓的烟雾，在夜空映衬下格外显眼。眼前的壮观景象深具破坏性，但也很有吸引力。一发发火箭弹准确地在敌军主战线上炸开，形成一堵巨大的火墙，明亮的火焰一直持续到深夜。这一刻，地壳似乎裂开了，仿佛要把所有生命拖入炽热的熔岩核心。很难想象对面还有什么人能活下来。但苏联人继续对我方阵地施加压力，可能部分归功于他们广阔的领土，另外，他们的兵力几乎取之不尽。

1月中旬，师里几名军官来到我们这处小小的阵地，一连几个小时观察敌人的情况。没过多久，上级下令组织侦察巡逻队，探明苏联人的阵地。敌人显然前调了新锐预备队。侦察行动昼间实施，因为能见度较好，但足以说明我们对这项任务深感不安。此处的地形太平坦，顺利完成任务的机会很小。二级下士带队，每当我们犹豫，或是深入骨髓的恐惧阻止我们前进时，他就打出手势，鼓励我们跟上。

苏联人很快发现了我们的意图。枪声刚刚响起，备受尊敬的班长就挨了致命一枪。我们以猛烈的火力还击，带着阵亡战友的遗体返回己方阵地，没再遭受更多伤亡。我对班长没太多了解，但这位南施蒂里亚人突然阵亡，对全班无疑是个沉重打击。他以体贴周到的做事方式把我们团结在一起，短时间内就把全班打造成训练有素的战斗分队。更重要的是，他教会我们如何在东线生存。

师里的军官可能觉察到敌人正在酝酿某种行动，天黑后不久就离开我们的阵地。一队士兵赶来，把二级下士的遗体带回卡缅卡，跟其他阵亡者一同下葬。地面冻得很深，必须用集中装药炸开才能挖掘墓穴，这些炸药也用于战斗。第二天晚上，一名年轻的候补军官带着口粮到来。他刚刚开始前线见习，立即接掌了我们这个只有5名士兵的班。日子还得过下去。

1944年1月，气温没再下降，但冰冷的东风刮过第聂伯河低地，甚至比以前更凛冽，我们班的掩体冻彻寒骨。掩体里倒是有个小炉子，可燃料总是不够。卡缅卡位于我们后方，是个典型的乌克兰穷村子，甚至没标在任何地图上。一座座房屋的木顶早已焚毁。某个晚上，我们在一栋房屋的阁楼上翻寻，想给取暖的炉子找点干小麦。阿尔萨斯人摁亮电筒，虽说时间很短，但足以让苏联人发觉，他们立马用大口径机枪开火。我们匆匆离开时，子弹嘶嘶作响地从耳边掠过。我们幸运地找到些柴火，好歹当晚能在掩体里取暖了。

说起来可能没人相信，但前线士兵确实经常为某些琐事冒上性命危险，而这些琐事在平民生活中显得稀松平常。有一次，我想给家里带来的毛衣除虱，毛衣里好多虱子，只要脱掉毛衣，虱子就会爬到掩体的地上。这件毛衣至少有一个月没洗了，于是我把我最暖和的衣服放在仍有余温的暖炉上。此举有点鲁莽，因为我没过一会儿就睡着了，直到毛衣发出烤煳的焦味才惊醒。可惜毛衣毁了，已经没办法再穿，我只好冻着。阿尔萨斯人开玩笑说，至少我把虱子消灭了。

1944年1月的最后几天，苏联人又一次企图突破我们的防线。他们投入大批兵力和装备。我和主射手几乎一直在战斗。为确保火力持续不断，也为了准头更好，我们把机枪安在三脚架上。红军士兵高喊着吓人的"乌拉"向前冲来，主射手朝他们猛烈开火，我是副射手，主要任务是瞄准，还要及时换上新弹链。幸亏当时弹药充足，否则我们根本没办法长时间守住这片阵地。红军最后在稍北面取得突破，导致我们再也无法扼守登陆场内的阵地。敌人投入强大的坦克力量，企图包围我们，尽快收复更多领土。他们很快达成了目的。

2月1日，一名传令兵赶到我们班的阵地，不仅送来口粮，还传达了后撤令。我们只带野战背包和弹药，无法随身携带的东西都放在马车上，那些马车此时就等在稍后方。当晚，友邻师几名步兵赶来接防我们的阵地。跟我们不同，他们的装备较差。我们好歹穿着带风帽的冬季防寒外套，还有毡靴，可那些步兵只穿着国防军的长大衣，脚上是钉有平头钉的行军靴，模样看上去很憔悴，我不由得怀疑他们能否长时间守住阵地。

我找到一个看上去宛如来自古代的步兵，把我们存放备用弹药的地方告诉他。他似乎有点听天由命，漠不关心地听取了我介绍的情况，随即缩入暖和的掩体。每次跟军帽上也佩戴雪绒花徽标的战友并肩奋战，我都很自信，可我们现在不得不依靠常规步兵师。更糟糕的是，协同作战的也许是一个个拙劣的战斗群，在这种情况下，灾难往往会迅速降临。我多次注意到国防军各兵种的巨大差异，更别说德国军队与盟友军队之间的巨大差别了。

2月2日凌晨，我们终于离开阵地，赶往后方的尼科波尔。我们的目标是经常光顾的第聂伯河渡场。就好像大自然也联合起来破坏德国军队后撤似的，化冻从一开始就给我们造成大麻烦。除此之外还有雨夹雪，一条条小径很快沦为深不见底的泥沼。

我们在第聂伯河东侧的后撤还算顺利，但在渡场附近遇到混乱的局面。长长的后撤纵队从陡峭的第聂伯河岸堤蜿蜒而下，一路延伸到对岸的内陆，活像一条巨大的蠕虫。数百辆卡车、履带式车辆、马车首尾相连，紧挨着停在原地，等待继续后撤。孤零零几门高射炮仍在阵地内，炮管深具威胁地指向天空。为了让车辆动起来，在场的人倾尽全力，有时候需要动用一整支部队。许多马匹活活累死了，结果挡住身后车辆的去路。

我们这群山地兵的情况要好些，携带的驮畜很健壮，即便面对眼下的状况，还是取得不错的进展。一支战地宪兵巡逻队指示我们去北面，远离这座大型浮桥。于是我们把宽阔的泊位让给其他后撤纵队，找了个狭窄、不适合车辆通行的小码头，顺利渡过第聂伯河。

我们在尼科波尔西北面的第聂伯河西岸占据新阵地，掩护己方部队继续后撤。敌人这次没跟我们接触，谁也不知道他们究竟在何处，但西面传来的隆隆炮声不是个好兆头。苏联人前进了多远？他们在哪里？他们的先遣部队又在何处？尼科波尔城内一次次响起剧烈的爆炸。我方工兵显然正在炸毁所有重要的军用设施，以免这些东西落入敌人手里。尼科波尔城内腾起熊熊烈焰，从我们的阵地上也能看见。那座城市满目疮痍，上方的夜空呈现出鬼魅的红色，是个坏兆头。

尼科波尔登陆场内留下很多东西，战友、牲畜、军用物资等，对了，还有一个半月前跟我一同到达那里的许多年轻士兵无忧无虑的劲头。

战争把它古老的规则强加给你，你无法怀着世上所有美好的意愿躲避这些规则。当时的选择很有限：要么负伤，要么被俘，要么送命。逃离东线只有这几个办法。但这三个选择都是我急于避免的，至于能拖多久，尽力而为吧。

第四章
乌克兰的冬天

我们趴在第聂伯河西岸，第138山地猎兵团部分官兵跟我们待在一起。此时，从北面而来的红军，已进入我军敞开的翼侧。出于这个原因，几天后我们奉命向西开拔。于是我跟年迈的苏联农妇道别，这几天我睡在她家的床上过夜，随后再次把机枪三脚架和弹药放在驮马背上。

我们在泥地里苦苦挣扎，每迈一步，毡靴都会从脚上脱落，一点没夸大。靴子脱落的话，接下来就轮到袜子。许多战友大声咒骂，可又有什么用呢？履带式车辆在纵队两侧奋力前行，卷起的泥浆在我们头上飞舞。起初我还把伪装服上沾的泥浆擦掉，可纯属白费力气，所以我很快随它去了。没走多远，我们身上覆满厚厚的泥浆，只有武器安然无恙，因为我们用防水帆布把各自的枪支裹好，确保随时可用。

行军途中，我们一次次遇到陷入泥沼的车辆。有些崭新、漂亮的卡车陷得很深，泥泞甚至漫到车轴。卡车旁无助的车组人员动用铲子和木板，竭力让汽车摆脱困境。途中不断有人请求我们帮把手。过了一会儿，有个军衔更高的军官命令我们连长，把我们分成几个小组，帮着把他的车队从泥沼里弄出来。这支车队显然在尼科波尔装载了重要设备，要把这些东西运往最近的铁路装载站，这是紧急军务。我们连长是个来自格拉茨的年轻中尉，他冷淡地答道："我们是后卫，苏联人就在后面。"那名军官没多废话，立即率领随行人员加入我们的队列。整支车队瞬间燃起烈焰。看来，跟他和部下的性命相比，车队运载的设备没那么重要。

又跋涉了一段距离，我们终于到达铁路装载站。可怕的场面映入眼帘，看得我们心惊胆寒。帝国铁路部门的一列货运列车半翻在轨道上，此时仍在燃烧。几节车厢上绘有红十字徽标。这列火车运送的是撤离尼科波尔的伤员，结果遭到红军战机低空扫射。医务人员伤亡最大，只有少数人活了下来，忙着照料伤员。有些幸免于难的伤员，头上裹着绷带，四肢断裂，竭力爬出燃烧的车厢。我们赶紧跑过去，抢救还活着的人。我从火里救出一个头部裹着厚绷带的伤员，把他和另一群伤兵放在一起。我刚想站起身，他一把拽住我胳膊，拉着我凑到他面前，喃喃地说着没人能听懂的话，从手指上摘下婚戒塞入我手里。他突如其来的举动和呆滞的眼神令我不知所措。

突然响起的叫声让我摆脱了眼下怪异的场面。阿尔萨斯人朝我喊道："快把机枪三脚架拿来，苏联人来了！"我赶紧把婚戒戴回这名垂死伤员的手指，朝身后的驮马跑去。这一幕和战争期间的许多场景一样，始终挥之不去地伴随我的余生。

我奔跑之际，敌人的子弹从头上呼啸掠过。更糟糕的是，子弹射中我们的驮马。我在泥地里找到它，它瘫倒在地，喘着粗气，把部分机枪子弹压在身下。我解下枪架，拎起一箱子弹，转身朝阿尔萨斯人跑去，他已经在铁路路堤上占据了阵地。

我们射出的第一轮短连发瞄得很准，排成散兵线不断逼近的几个苏联人突然扬起手倒下了。这给我们其他战友争取到时间，他们迅速占据各自的阵地。我们趴在半圆形防御圈内，在这个要命的地方过了一夜。没有卡车疏散伤员，就算有卡车，肯定也会陷入泥沼动弹不得。尚能行走的轻伤员跌跌撞撞地向西跋涉，有些人得靠战友搀扶。敌人似乎觉察到我们陷入绝境，夜里没采取行动。只有燃烧的车厢照亮草原的天空，四下里偶尔传来零零星星的枪声，可能是某些战友给重伤员补了"仁慈的一枪"。

第二天早上，死一般的沉寂，到处都没见到敌人的踪影。由于我们身后没有己方人员，再说中尉也没下达后续命令，于是我们撤离当前阵地向西而去。我们再次经过几节烧焦的车厢，最后一次路过这片死亡之地。我们沿铁轨而行，主要是因为这里没有其他地标。每隔100码左右，我们就能遇到更多丧生的德国兵，有些人笨拙地蜷缩在泥泞里，还有的躺在铁轨上。我们在某处看见一群裹着绷带的战友依偎在一起，就这样死去了。我无法忍受这些凄惨的场面，所以紧盯着前方战友的后背，一路向前跋涉。

我竭力控制情绪，因为我不得不一次次迈过地上的尸体，每次都让我不寒而栗。这些可怕的场面让我明白了一件事：我可不想这样死去，得想尽一切办法渡过难关。每次想到自己可能会死在乌克兰的泥泞里，都让我使出身上最后一丝力气。

经过几个小时看似永无止境的跋涉，我们终于到达某个小村庄，村里满是德军官兵。传言四起，据说苏联人已经超过我们。一群德国军官站在一幅大地图旁，商量接下来该如何行事。总之，众人的情绪低落得令人沮丧。我们住在脏兮兮的屋子里，很快就沉沉睡去。

第二天早上，我们吃到了很久以来的第一顿热饭。几个士兵宰了匹小马，做了炖肉。尽管训练期间教官告诫我们，绝不要在饱腹状态下投入战斗，可我还是饱餐一顿，因为我觉得日后挨饿的日子可能会很多。饱腹状态下挨枪子的话，活下来的机会很小，可如果你筋疲力尽，快要饿死了，说这些又有什么意义呢？

我们分发了最后的弹药，收到简短的命令，随即再次出发。我们这个重武器连要开往更西面，任务是占据阵地，阻止敌人从翼侧发动进攻。因此，接下来几天我们在一片满是积水的浅洼地里度过，一个个浑身湿透，冻得瑟瑟发抖。我把机枪弹链放入野战背包，一是防止泥污沾在弹链上，二是便于携带。

果不其然，苏联人没过多久就发起攻击。确切日期我记不清了，但肯定是2月中旬某个日子。那天雾很大，原本平坦、光秃秃的地面上，能见度下降到只有几英尺。我们突然听到一声枪响，紧接着传来低沉、嘶哑的叫声。此时我彻底醒了，睁大双眼仔细搜索，可白茫茫的雾气中看不见任何动静。

随后又是一声枪响，机枪火力随之而来。突然，激烈的战斗声包围了我们的机枪阵地。在机枪脚架允许的范围内，阿尔萨斯人心神不安地把机枪从一侧转向另一侧。我端着半自动卡宾枪靠着他后背，掩护身后。那里出现一个身影，自己人还是苏联人？我们的机枪响了。我看见身后两个苏联人倒下，身上满是弹孔。突然，又一个身影出现在右侧。我立马开了一枪，把他射倒在地。

我们听见左侧传来俄语下达命令的声音，我赶紧把三脚架转向声音传来的方向，虽说没看见任何目标，可阿尔萨斯人还是朝那里射光了一整条弹链。惨叫声响起，更多俄语下达命令的声音传来，随后沉默下来。我们牢牢蹲在地上，接下来该怎么办？我本以为敌人随时会投来手榴弹，可什么情况都没发生。

此刻的时间仿佛停滞了，几个小时后，雾气消散，笼罩战场的面纱终于揭开了。我们看见十几个毙命的苏联人倒在周围，呈半圆形，其中有个家伙戴着大檐帽，大概是个军官。可我们的人在哪里？我们用暗语发出的呼叫消失在茫茫荒原，无人回应。所以我们暂时待在阵地上。

当晚晚些时候，身后腾起一发照明弹，阿尔萨斯人跑去察看情况，带回来的都是坏消息。他告诉我，我们连在浓雾中的激战期间遭到重创，中尉和连里许多战友阵亡了，还有些猎兵身负重伤。剩下的人奉命去后方集合，一名中士接掌了连队。我当时不知道，这位中士会伴我度过整场战争，我之所以能活到今天，他功不可没。就这样，我们在夜色掩护下继续向西跋涉。我们再次沿铁路路堤而行，期盼在某处与己方部队会合。四下里不时袭来火力，可为了节约所剩无几的弹药，我们没有还击。

接下来几天还是浓雾弥漫。眼下的态势越来越危急。尽管我们班顺利后撤，自离开尼科波尔后没再遭受任何损失，但死亡现在来得更快，也更残酷。它先是逮住我们班长，就是到前线见习的那个候补军官。敌狙击手射出的子弹直接命中他的脸。他摔倒在地，脑袋扎入泥里的可怕场景当场把我吓晕了。

此后不久，班里剩下的三名士兵奉命加入突击队，任务是占领某个村庄。我和阿尔萨斯人在后面提供火力掩护。突击队只有一人生还，回来时双唇发颤。村庄拿下了，我们得以继续后撤。出人意料的是，猛烈的暴风雪随后袭来，气温再次下降，滑溜溜的冰层覆盖了我们周围泥泞的地面。

我继续前行，但此时意志消沉，疲惫不堪。沉甸甸的机枪三脚架压得我一头倒在地上。这种情况一再发生。我的身体状况越来越差，阿尔萨斯人拎起三脚架扔到一旁，我们没有人手，无法携带这玩意儿了。可就连这种缓解也只是暂时的。我再也迈不动双腿，死神离我越来越近了。可我的战友一直拉着我奋力向前，为了让我振作精神，他一会儿拍我一巴掌，一会儿踢我一脚，他的话在我耳边回荡了很长一段时间：

"汉斯……走啊，继续前进，至死方休……"

在此期间，暴风雪愈演愈烈，行军纵队不得不一次次停下。许多战友瘫倒在地，再也不愿起身。大多数情况下，无力行走的人只好留在后面，这意味着死亡，尤其是在目前的酷寒气候下。另外，当俘虏也不会有好下场。

某个时刻，另一支队伍出现在旁边。起初我们以为是自己人，可随后听到几句俄语！我迅速端起半自动卡宾枪，瞄准模糊的身影扣动扳机……枪没响！枪机被冻住了。敌人这时也发现了我们，立即开火射击。阿尔萨斯人喊道："跪下，机枪上肩！"我的肩膀被充当临时枪架，我使出全身力气，死死抵住机枪两脚架。MG-42咯咯作响，射出一个个短连发，整个射击期间，差点把我耳膜震破。我们先前见到的那些身影倒在地上，其他人趁暴风雪撤离。我们继续前进。

最后，几座焚毁的农舍忽然出现在眼前，农舍间堆着好几个高高的草垛。无遮无掩的荒原上，唯一的容身处深具吸引力，我们赶忙跑过去，一头扎入草垛。这项"任务"不需要任何命令，每个人都急于逃离眼前的冰雪地狱。苏联人显然离得很近，可我们觉得没什么危险，不太可能爆发战斗。此时的能见度只有1米，而且冷得要命，敌人也拿大自然没辙。

阿尔萨斯人、幸存的几个猎兵和我挤在草垛的小洞里。整个机枪班，活下来的就我们几个。直到此时我才发现，先前遭遇红军纵队，我们有个年轻的战友中弹了，鲜血浸透他皮带下的防寒棉外套。我小心翼翼地把手探入他的衣服，感觉到一团温暖、柔软的东西。令我们惊恐的是，子弹在他腹部撕开个大口子，肠子流了出来。这无疑是个死刑判决。没有快速而又专业的医疗救助，我们束手无策，只好怀着无能为力的负疚感，把这名年轻的猎兵放在我们中间，给他盖上一块帆布。

整个白天他一直活着，第二天晚上才死去。这段时间他一直在求救，临死前，他觉得自己看见了母亲，这才稍稍平静了点。我把手放在他肩头，不想让他孤零零地死去。最后，他双手捂着流出来的肠子，大睁着双眼离开了我们的世界。这就是军人的宿命，也是置身东线的必然结局，既没有闪光点也没有荣耀，尽管如此，这一幕还是深深触动了我。

接下来几天，我心里空落落的。这段时间，暴风雪仍在无情地肆虐。中士只到我们藏身的草垛来了一次，带来些冷食，我们立马狼吞虎咽地吃了下去。他来的时候，我们把阵亡战友的半块身份牌交给他。几周后，他父母收到儿子的阵亡通知会有什么感受？这种可怕的念头无法用言语表述。

天气刚刚好转，战斗又爆发了。我们击退敌人对村庄的几次冲击，耗尽了最后的弹药。我们的炮兵不知道用了什么办法，撤离尼科波尔时带着几门榴弹炮，全凭他们准确的炮火，才让我们免遭覆灭的厄运。最后，敌人又一次在我们前方丢下大批尸体。曳光弹引燃草垛后，我们接到继续后撤的命令。和此前牺牲的许多战友一样，我们只能把那个年轻猎兵的遗体留在乌克兰南部某处。

此时，我们连严重减员，只剩不到30人。令我们惊讶的是，行军期间，几辆突击炮出现在身旁，捎上我们向西而去。我坐在后面的引擎盖上，几周来第一次感受到舒适的暖意。我们的部队显然耗尽了实力，因而奉命撤出前线，利用临时搭设的桥梁渡过因古列茨河，随后转身向北，开赴新作战地域。

第3山地师重新编组幸存的官兵，分发了大量食物和新冬装。我们甚至还得到了补充兵。想当初，我跟随第11战地补充兵营开抵尼科波尔，那是1943年年底，而刚刚到来的补充兵营，番号已经编到第14营！换句话说，我在前线待了不到2个月，第3山地师已经接收了近3000名补充兵，可还是远远达不到编制兵力。这是持续不断的激战造成的血腥后果。每个人都想知道，这种状况还要持续多久！不过，我们觉得暂时安全了，主要是因为我们依托河流设立了新防线，另外，我们占据的阵地也比较完善。

临时获得的休整不啻及时雨。我甚至得闲在袖珍日记本里记下前几周最重要的经历，还给挚爱的家人写了信。除了站岗放哨，我和阿尔萨斯人轮流上阵，实地训练新分来的机枪手。不到一年前，我自己还在接受基本训练，可现在必须把最重要的战斗技巧传授给新兵。训练的目的可以用两个字概括：生存！我们迅速总结了至关紧要的经验教训：

（1）机枪是步兵班最重要的武器，很容易吸引敌军火力，特别是对方的重武器和狙击手。所以始终要牢记，必须尽可能深地挖掘机枪阵地。枪口高出地面的尺寸不能超过手掌宽度，其他部分必须埋入地下。

（2）从主阵地开火的情况很少见。大多数时候，敌人发动进攻前就已探明主阵地的位置，会集中火力施以打击。因此，机枪组必须构造两三个备用或补充阵地，在获得掩护的情况下迅速变换阵地，这一点至关重要。

（3）以机枪火力打击目标翼侧效果最好，理想情况下，从敌人正面视线外的阵地开火射击。这是我当初从阿尔萨斯人那里学到的第一个经验。从翼侧开火的话，敌人必须穿越火力网，通常很快会中弹。要是把机枪架在正面开火，就得单独瞄准每个敌士兵。

（4）最多发射400发子弹就要更换枪管，否则有枪弹自燃的危险，更糟糕的是，套筒可能会破裂，这种故障很难修复。

冬季千万别把打得发红的枪管放在雪地上，会导致枪管变形，再也无法使用。

（5）可能的情况下，把机枪架上三脚架。与两脚架相比，三脚架能让机枪射得更准、更远。苏联人以一拨拨人潮发起冲击，这种进攻形式极为猛烈。你真正要做的是把机枪从一个限角转到另一个限角，让弹链嘎嘎作响地穿过机匣，剩下的就靠均匀的长连发来完成了。

年轻的猎兵一个个听得聚精会神，还有人询问了注意事项。我希望他们能听懂我说的这些内容，归根结底，我自身的安危也取决于此。

没过多久，我们接到新命令，又要付出牺牲了。到3月初，红军几个突击师已获得整补，发起独立进攻。敌人没有协同行动，也没有任何坦克支援，至少目前是这样。另外，因古列茨河是一条宽阔的河流障碍。但一如既往，敌人在更北面取得初期突破。直到苏联人进一步撕开德军阵地链，我们这群普通士兵才明白眼前的处境。如果说我们先前扼守东面，那么现在就得确保北面的安全。起初是一个连排成的长链，随后缩减成一群人，最后又一次只剩我们这个小小的机枪班，此时的视线只能够及邻近的散兵坑。

3月7日上午，敌坦克彻底突破友邻防御地段整个宽度，危急的局面再次降临。我看见一头头钢铁巨兽冲向散兵坑，原地转动履带，把散兵坑里的士兵碾成肉酱。没有反坦克武器，局势已然无望。渐渐地，幸存的猎兵爬出散兵坑，匆匆逃往后方。恐慌像瘟疫般传播开来。左右两侧的战友退却之际，阿尔萨斯人朝我喊道："汉斯，我们被隔断了，撤吧！"我以前所未见的速度折起机枪架。我们全速奔逃，苏联人的坦克紧追不舍。最后，我们到达德军炮兵阵地，累得气喘吁吁。一门门火炮摇低炮管，瞄准敌坦克开炮射击，暂时挡住对方。稀里糊涂的猎兵四散奔逃，命令倒是下达了，可连主力不见踪影。

最后，中士赶到了。他显然是全连最后离开阵地的人，跑得上气不接下气。他睁大双眼，匆匆环顾四周，可能是在寻找剩余的部下。

身后突然传来严厉的叫声："中士！"一个军容整齐的炮兵军官走了过来，厉声吼道，"您这个混蛋！您和您的部下为何要逃离阵地？要是因为您的缘故，我不得不炸毁火炮的话，您的脑袋就危险了！"

的确，这里没有卡车，也没有马车，只有三四门火炮部署在空阔的发射阵地上。中士很快恢复了神智，他一开口，我就听到了熟悉的东施蒂里亚方言，生硬而又随意。

"长官，去你的！要是您等伊万的坦克从我们身上碾过去才开炮，那就是您自己的错！"说着，他一把扯开伪装服，露出胸前一排足以自豪的勋章，"我会暂时忘掉'混蛋'这个词，您该做什么就做什么，可我现在要带这群小伙返回阵地。"

中士转身离开目瞪口呆的炮兵军官，气冲冲地给周围的猎兵下了几道命令。他也对我们做出指示，于是我们返回阵地，重新趴在泥地里。

此类插曲几乎每天都发生，尤其是激战中遇到其他友军。我们这些山地猎兵，说话总是直截了当，不会拐弯抹角，可能因为大部分士兵和士官原先是农民的缘故。当然这并不是说山地猎兵不守纪律或行为不端，相反，我们不得不同饮死亡和悲痛的苦酒，我们有种默契，那就是同生共死更好些。早先的农村生活早已让大多数山地猎兵得到磨炼，东线鏖战期间，他们崩溃的可能性远远小于那些来自大城市、更有教养的战友。这或许是敌人整体优于我们的原因，他们比我们更熟悉东线恶劣的气候和空间条件。众所周知，艰苦的自然环境能塑造吃苦耐劳的人。苏联人对自己和他人都很严苛，他们是出色的老师。

相关文献记录下当时发生的重要事件。很明显，到3月10日，敌机械化兵团已切断德军几个师通往后方的交通线。这种情况可能就发生在我们退到炮兵阵地的时候。随后是防御作战，抗击红军从北面发动的进攻，这些战事也有明确的文献记载。接下来几天，变化多端的战斗持续不断，我们一步步向西退却，一会儿防御，一会儿进攻。

时至今日，我还记得进攻马列耶夫卡村的情形，倒不是因为那里有什么景致，马列耶夫卡与乌克兰其他村庄没什么不同，而是因为我在那里第一次见到红军骑兵。占领村庄后没多久，我和阿尔萨斯人就在村郊一栋房屋大约齐腰高的屋顶下设好阵地。此时我们严重缺乏弹药，也好久没得到食物了。从位置稍高的发射阵地望去，前方开阔的平原一览无余。为创造尽可能宽阔的射界，我割掉一大块茅草屋顶。

我俩轮流守在阵地上，不执勤的人可以到烤炉旁暖和一会儿。乌克兰农民家里的烤炉，结构跟我家乡的那种不太一样，炉灶很低，几乎贴着地面。上方有一块宽大的长方形底板，用黏土制成，底板上铺着稻草，烤炉顶部有个水平的横档，放着烹饪板。看来，这里既是厨房，也是睡觉的地方。加热后，黏土能保持很长一段时间热量，即便屋内温度下降，你也能舒舒服服地睡在稻草铺上。不可避免的是，这样一来你身上会爬满臭虫，不断吸食你所剩无几的血液，不过这是另一回事。

为了能迅速发出警报，我垂下一根绳子，末端绑了个石块，伸到水桶里。我趴在阵地上，听着阿尔萨斯人响亮的鼾声，想着家乡的种种美食，就在这时，我看见他们来了：全速驰骋的红军骑兵！他们的队形很分散，但人数众多。村内一片寂静，其他人都没看见敌人来了吗？会不会是我从这处稍高的阵地看得比别人更远？

我赶紧拽动绳索，听见水桶发出叮当声，可还是毫无动静！我爬到阁楼口，低头朝屋内望去，喊道："警报！苏联人来了！"出乎我意料，屋内依然没有动静，根本没人听见我的喊叫。阿尔萨斯人睡得昏天黑地，可能是因为这几天累坏了。好吧，让他睡吧。我赶紧爬回发射阵地，敌人在哪里？在那里，远处有一小群骑兵，可其他人呢？我仔细搜寻前方地面，手里的机枪做好了开火准备，短短的几秒似乎永无止境。

突然，一群骑兵从隐蔽的洼地跃出，一个个拔出马刀。他们的距离不到200米，简直是活靶，我只要盯着准星就行了。我扣动扳机，以一个个短促而又响亮的连发迎接对方。嗒嗒嗒，嗒嗒嗒，嗒嗒嗒……头几匹战马骤然倒下，疯狂跳动的马匹把骑兵甩下马鞍。我左右两侧只响起零零落落的枪声，但很快演变成激烈的战斗喧嚣。

突然，红军骑兵从左右两侧避开我的机枪火力，径直冲入村内。下一拨红军骑兵迅速冲出洼地，我继续射击。紧张兴奋之余，我根本没注意阿尔萨斯人，直到他递上新弹链，我才发觉他就趴在我身边。新弹链很快射光了，我们更换枪管，塞上最后一条弹链。弹链越射越短，我更加专注于子弹的落点。

此时，红军士兵越来越近，他们射出的子弹嗖嗖作响地穿过茅草屋顶。我们不得不离开阁楼，把机枪留在原处，顺着梯子下楼。我们端着半自动卡宾枪，依托农舍左右两侧的窗户据守阵地，几乎每一枪都能命中目标。敌骑兵策马而来，距离近在咫尺，毫不夸张地说，甚至触手可及。

我估计敌人随时会把手榴弹投入屋内，真那样的话，我们就完了。负伤的战友避入屋内，倒在角落里。我的子弹即将耗尽，于是爬到一名伤员身边，掏出他的弹夹重新装弹。伤员是个年轻小伙，颈部负伤，血流得很多，一个劲儿地求救，可我别无选择，我得返回窗口继续战斗。激战持续了好一阵子，最后终于停息了。

没了主人的战马四处驰骋，还有几匹马萎靡不振地站了一会儿，随后瘫倒在地，身上满是弹孔。敌我双方的伤兵，慢慢爬过几座房屋间的泥地。这一幕简直是噩梦，所有人性就像苏联冬季阵亡士兵的一张张面孔那样消失了。

我高兴地看见阿尔萨斯人站在我面前，他从伤员的脖子上取下一条机枪弹链，朝我点点头，重新爬上阁楼。几秒钟后，我听见机枪子弹上膛声，知道他正在掩护我们。战斗的喧嚣消退了，绝望的呼救随之而来。我朝叫声最惨的战友走去，用止血带扎紧他的脚。他的膝盖下，血流了一地，再加上破碎的军裤，我觉得子弹可能射断了他的动脉。军医终于带着几名助手赶到了，他下达的指示像枪声那样回荡着：

"绷带，吗啡……压力绷带……这个没救了……死亡……头部绷带……"

我的目光落在颈部负伤的年轻战友身上，就是我先前取走他弹夹的那个小伙。他弯腰坐在那里，好像睡着了，血迹斑斑的双手仍紧紧按着伤口，了无生气的双眼盯着脏兮兮的黏土地面，仿佛在凝视远方。太迟了。我先前为什么不救他？这场该死的战争！

尽管没什么意义，可我们还得继续战斗，哪怕只是为了让我们和伤员离开此地。

与红军骑兵的激烈厮杀，我们付出的惨烈牺牲让我们的境况愈发恶劣。我们的兵力消耗殆尽，弹药所剩无几，更别说口粮了。敌人这次从四面八方而来，我们都知道这意味着什么，可我们别无选择，全师不得不冒上一切风险赶往布格河。布格河是唯一离得较近的锚点，提供了较安全的保证，至少以军事战略家的理论来说是这样。此次进攻后的几天内，一切似乎都指向这场突围。

首先，我们艰难地向西退却，又一次在冰冻草原的冻土地带挖掘阵地。我们在这里挡住敌人几次犹豫不决的进攻。随后我们逐渐退往一座更大的村庄，各种武器装备和师直部队聚集在此处。伤员把一个个屋子挤得满满当当。甚至有几辆突击炮缓缓驶过村内满是泥泞的道路，一群群脏兮兮的山地猎兵坐在突击炮上。我刚把几个箱子绑到驮马背上，就听到一个熟悉的声音：

"汉斯，是不是你在前线没什么用，他们提拔你当马夫了？"

是托尼！这位校友脸上带着灿烂的笑容，朝我挥手致意。他和另外几个伙计跳下突击炮，我俩拥抱在一起。托尼在第144山地猎兵团，那是我们的姊妹团，师里所有兵力显然都集中到这里，准备发起突围。

重逢真是件乐事，周围的一切仿佛凝滞了。我俩迅速交流了前几周各自的经历。托尼对整体局势的了解比我多。他是个狙击手，经常从连部和营部直接受领任务。狙击手总是两人一组，所以托尼把他的搭档介绍给我认识。当天上午，他俩仍担任后卫，以精准的狙击挡住迎面而来的敌人。自我上次遇到他以来，他因为在因古列茨河畔执行一项特别危险的任务，获得了二级铁十字勋章。

愉快的重逢持续的时间很短，我们都得执行任务。上级下达了命令，我俩依依惜别。临行前，他从背包里掏出半条面包塞给我。

"拿着，他们说这段路10千米左右，然后我们就能冲出去了。"

我看着他俩消失在一群战友的队列里。

这么大块面包真是及时雨，虽然硬得要命，可我和阿尔萨斯人狼吞虎咽，像享受维也纳炸肉排那样把它吃个精光。当天剩下的时间，我们帮着卸载驮马和大车，所有用不上的东西都得扔掉或烧毁，好为伤员腾出空间。一辆辆卡车和半履带车逐渐到来，半履带车上挤满士兵，车后还拖着火炮。

黄昏后，上级下达了突围令，要求全体将士全力以赴。我们匆匆编为临时拼凑的战斗群，奉命跨过敌人控制的铁路线。我们得尽快赶往西南方，会合点就在途中某个地方。一切都是临时安排的，但结束这场噩梦的前景，足以激励我们展开行动。

就这样，我们排成长长的纵队再次出发，一个接一个，紧盯着前方战友的后背。四下里寂静无声，只能听见战友的喘息和武器碰撞声。夜色漆黑一片，那条铁路线有多远？那里等待我们的是什么？我一直觉得我们的纵队会改成散兵线，要么就是发起突袭。队伍不时停下，随后又继续前进。

几个小时后，突然响起响亮的掌声和低低的咒骂声，就这样一次次重复。直到地上的障碍物把我绊倒，这才发现铁轨就在这里。可苏联人晚上睡在哪里？我百思不得其解。他们会不会也累得够呛，只想好好休整一番？我们清晨到达一条小河，没发生任何意外。在此等候的工兵早已用木块和木板搭设了较宽的渡场，河水淹没了几处，但渡场完全能用。

我们继续向西进发，更多纵队汇入我们的行列，既有步兵也有炮兵，还有好多拖着各种大车的附属机构。待这场行军最终结束，我们吃到了两周来的第一顿热饭菜。突围完成了，尽管感觉不太真实，可为什么我们这次不能是幸运儿呢？

所有人都松了口气，但众人不露声色，尤其是年轻战友，他们太累了，一个个憔悴不堪。我们这几周经历的事情，超出每个士兵的想象，仅用履行职责或为国效忠已经解释不通。对死亡的恐惧、饥饿、令人难以置信的体力消耗持续不停，始终没中断过，更别说对人类和牲畜的大规模毁灭和杀戮了。这一切深深蚀刻在我们内心深处，就像前辈说的那样，它把我们改造成全新品种：东线战士！

第五章
从布格河奔向德涅斯特河

待我们到达新别洛乌索瓦附近的新作战地域，所有连队重新编组。鉴于眼下持续的混乱，此举很有必要，也很及时。1944年3月19日，我在袖珍日记本里写道："第4（重武器）连集合，23人。"自撤离尼科波尔那时候起，虽说途中不断有战友加入，可我们连一直没达到140人的编制兵力。全连付出的流血牺牲难以言述。当然，一个士兵阵亡，总有另外两三人负伤。带着伤员撤离，可不像近期的突围那么容易。

布格河畔精心构造的阵地，是德国军队1941年迅猛突击的残余物。我们守在阵地上，前方宽阔的河流尽收眼底。敌人就在对岸高地上，可我们的步兵武器够不着他们。起初，双方交火仅限于迫击炮和火炮零零星星的轰击。我们深深躲入地下，终于觉得安全了，至少目前是这样。获得过高级勋章的东施蒂里亚中士现在率领全连，就是后撤开始时，在尼科波尔登陆场加入我们连的那位。这让我们勇气倍增，因为他总是知道该怎么做。

中士跟我们这群下属保持了一定距离，大家对他了解不多，但我们都知道，他很关照部下。战壕里经常有传言，说他战前是个普普通通的伐木工，还有人说他是个居无定所的铁匠，但没人知道确切情况。他年近三十，自波兰战役以来参加过各场交战，经历了四年半的战争！同样可以肯定，他有妻子和几个孩子。待在安全的掩体里，我经常看见他盯着一张明信片大小的相片。

他用粗糙、布满褶皱的双手捧着相片，神态近乎虔诚，每次都要看上好一阵子。借助兴登堡马灯闪烁的光亮，我瞥见相片上有个身材苗条的女人带着3个孩子，他们似乎在放声大笑。还有一次，他肯定觉察到身后探寻的目光，赶紧把相片藏入伪装服下，转身朝我吼了起来。我羞愧难当，我真没想以年轻人的好奇心破坏他最温馨的时刻。当晚，这一幕在我脑海里萦绕，想到他对亲人深深的思念，这份情愫肯定在他内心熊熊燃烧。命运还为他安排了什么呢？

各种补充兵跟随第3山地师第15行进营到来。不仅有新兵，也有休假归队者和伤势痊愈的士兵，换句话说，既有新人，也有熟悉的面孔。许多走散的战友也归队了，这让我们开心了好一阵子。

过了几天平静的日子，轮到阿尔萨斯人回家探亲。他在前线待了一年半，早该休假了，他多次提过这件事。我请他归队时带点老家的牛肉干。我期盼与这位无可挑剔的战友重逢，无论是在前线还是在战争结束后。

中士立即擢升我当主射手，说我是个"经验丰富的士兵"。另一个出身农家的年轻小伙当我的副射手，他来自格拉茨附近的格莱斯多夫。从此刻起，机枪组由我说了算，此时我刚满19岁。

某天早上，有人说后方寄来的邮件送到了，掩体内顿时喜气洋洋。没多久，两个士兵赶着马车到来，车上放着各种各样的邮包。他俩依次读出包裹和信件上的名字，众人以近乎虔诚的目光盯着他们。

"布兰德纳，给您！施泰因勒希纳，拿好！里格勒尔，这个！……"

寄到连里的邮包一个个分发出去，我的心怦怦直跳。"朗，拿着！

波施，给您！……"会不会没有我的？油然而起的紧张感简直难以忍受。在前线收到家里寄来的包裹或信件，就像圣诞节和复活节同一天到来。和平时期的人可能无法理解这种感受，但在我们这些前线士兵看来，除了回家休假，收到家里寄来的包裹和信件就是最大的惊喜了。东西快发完了，我终于听到宛如天籁的喊声："卡尔！"

"来了！我来了！"我激动得声音发颤，一把接过邮包，赶紧返回掩体。包裹上盖有菲尔斯滕费尔德的邮戳，由此可见，肯定是父亲寄来的。的确如此。包裹里放着几个月来我梦寐以求的各种宝贝。培根、熏香肠、一罐蜂蜜，还有好多其他东西，大多出自我们的农场，还有些是村里的屠夫提供的。这些物品上面摆着父亲写的长信，我读了一遍又一遍。

他跟我说起冬季储备的木柴，耕牛的状况，当然也谈到家人。他说他很担心我，不仅因为他自己在东线打过仗，还因为村里收到的伤亡通知越来越多。他在信里提到一月份也寄了个包裹，可我一直没收到，想必是我们混乱后撤期间送抵前线的，也可能落入苏联人手里了，这种情况时有发生。不管怎样，我期盼得到农家美食、了解家人情况的愿望暂时得到满足，这一刻，我几乎忘了眼下的战争。

所有历史学家都知道，所谓的沉寂都是骗人的。在全师、全军乃至整个集团军整补之际，敌人也抓紧时间从他们庞大的帝国调集新锐力量。盟国加大了支援苏联的力度，交付的援助物资逐月增加。苏联人很快补充了他们的步兵师、骑兵师、机械化师，还有好多可怕的近卫兵团。这些师要么彻底实现了摩托化，要么依靠马匹、火炮、弹药、坦克等一应俱全，而这些资源是德国军队长期缺乏的。我们在尼科波尔和因古列茨河畔幸运地逃脱了，虽说遭到沉重打击，但再次封闭了正面朝东的防线。不过，几乎可以肯定，敌人不会重犯先前的错误，尤其是在我们最近一次逃脱期间，对方分散了他们的先遣力量。

新的大规模交战即将到来，残酷的斗争很快会再次开始。

3月26日，苏联人以夜色为掩护，搭乘橡皮艇和木筏渡过布格河。我和格莱斯多费尔冲出掩体时，照明弹已挂在半空。枪声零零星星，没见到敌人的踪影，远处传来沉闷的枪炮声。几秒钟后，第一批炮弹落下，炸点就在我们身后。又一发照明弹照亮夜空，缓缓飘向地面。借助闪烁的黄光，我仔细察看布格河畔浅浅的洼地。平坦的斜坡后面有一片芦苇，再过去就是平静、漆黑的河面。

嘭！又一发照明弹腾入空中。我的双眼渐渐习惯了黑夜。在那里，河上有动静！起初一点不起眼，但我随后清楚地辨认出轮廓。我把机枪枪托抵在锁骨与肩膀间，挑了个能击中的目标，随即扣动扳机。曳光弹犹如闪电般飞向河面，毫无成果地消失在黑暗中。我又打了第二个点射，接着是第三个。突然，一发曳光弹在某个东西上弹开，猛地飞向一侧。毫无疑问，敌人正在渡河！于是我射出一条条弹链，每次都等待跳弹。与此同时，敌人射来炮弹，炸点非常近，我不得不把机枪拽入堑壕。炮弹激起的泥土在我们周围四散飞溅。最后一个土块刚落地，我端起机枪再次爬上胸墙，我们继续开火。

"300发了，换枪管！"我一边瞄准，一边朝格莱斯多费尔喊道。可毫无动静。我朝旁边扫了一眼，发现格莱斯多费尔蹲在地上，双手紧紧捂着耳朵。

"您真是个蠢货！"我吼道，朝他狠狠踹了一脚，"赶紧动起来！"我此时根本没时间发火。不管怎么说，这都是他经受的战火洗礼，关乎的不仅仅是我们的性命。

战斗愈演愈烈，我们终于听见左侧阵地传来手榴弹的爆炸声和冲锋枪连发声。投身战斗的人会丧失所有时间感。直到苍白的拂晓到来，我才恢复清醒的意识。仍有些橡皮艇企图强渡布格河，可他们刚要登艇，就被我和邻近的一挺机枪挡住。他们要么是从橡皮艇跌入河中，要么就是企图后撤时中弹，不得不在齐腰深的河水里挣扎。阵亡者的尸体漂向下游，身后留下一条细细的暗红色血迹。这一场景很可怕，对亲手造成这一切的人来说，留下的只是苦涩的回忆。

夜色的掩护此时荡然无存，苏联人只好撤出行动。敌步兵退入芦苇丛，立马消失了，就好像地面裂开个大口子。只有几条小艇和木筏散落在河边。但布格河这一侧，堑壕和洼地里的战斗仍在继续，几乎持续了一上午。我们必须不惜一切代价阻止敌人设立登陆场。为做好近战准备，许多人手里攥着堑壕铲。幸运的是，我们隶属重武器连，不需要执行这项任务。几个猎兵排负责肃清敌人。就这样，我们顺利击退了敌人又一场进攻。

当天傍晚收到弹药时，我首次见到俘虏。他们坐在连部旁边的地上，似乎没有任何情感，既不恐惧也不沮丧，什么都没有。

第二天，整条战线似乎苏醒过来。我们的防御地段遭到猛烈炮击。敌人的轰炸机飞向西北方，仿佛一点不在意我们的存在。我始终怀疑敌人在酝酿什么。那天晚上，敌人又一次强渡布格河，把我们忙得不可开交。但和上次夜袭一样，他们的渡河企图失败了。我们师显然料到敌人会再次发动进攻。我方炮兵投下的弹幕相当有效，次日拂晓，我们看见对岸阵亡的红军士兵堆积如山，尸体间散落着各种损毁的两栖登陆和架桥设备。

但隆隆炮声在北面肆虐之际，我们这里却平静如常。越来越紧张的气氛逐渐传到战壕里。情况肯定不会仅限于此。果然，中士亲自跑来传达了坏消息，他的神色足以说明问题。苏联人昨天彻底打垮了我们北面的友邻部队，红军近卫兵团控制了上方的布格河河段。但他们的机械化力量没有沿河岸而下，而是源源不断地涌入内陆。布格河防线已难以为继，集团军司令部下令立即撤往德涅斯特河。

我顿时想到："德涅斯特河？那不是在罗马尼亚边界吗？"就算保守估计，那条河流也在200千米外。要不是中士厉声下达了命令，我几乎要绝望地吼叫起来。

"做好出发准备！尽量多带点弹药，其他东西就别拿了！"

军事行动的喧嚣，以及众人急于平安离开此地的急迫心情，彻底淹没了我的无力感。格莱斯多费尔动作飞快，几秒钟就折好两脚架，还把机枪扛在肩头。与此同时，我往野战背包里塞满弹链，背起半自动卡宾枪和备用枪管。我俩吃力地朝连部走去。放弃我们精心构造的阵地，心里不是滋味。军毯、防水帆布、暖炉都没带，只能留在原处了。

当日晚些时候，我们终于出发了，再次进入一望无垠的草原。脚下的地面上冻，所以我们的进展还不错。由于身上扛的装备很重，我们几乎没觉得冷。即将到来的黎明，呈现的画面几乎跟12个小时前一模一样。空荡荡的草原上，景象极其单调，我们似乎在原地踏步。冰冷的溪流和侵蚀形成的峡谷是我们取得进展的唯一迹象。见不到师里其他部队的踪影，我们这群士兵有四十来人，看上去活像一支注定要倒霉的远征队。

中士率领队伍一路向前，全凭指南针确定方向，至少我记得是这样。随着时间推移，众人的士气越来越低落，"还有多远"的叫声越来越大。无论哪个国家，任何一个军人都很清楚这句话的意思。有时候，行军速度开始放缓，中士一次次跑到队伍后面，催促我们这群猎兵加快步伐。

为了跟追兵保持距离，师里早就下过命令，要求我们尽快退却，尽量撤到西面更远处。所以我们每天只能在预先规定的防线停顿一次，直到开抵德涅斯特河。可那些防线在哪里？最重要的是，它们能提供何种安全保障？

待我们到达某处，一个个累得筋疲力尽。此时天色一片漆黑，我们蜷缩在浅浅的洼地里，竭力躲避寒冷的冬风。无论停在何处，我们都会一头倒在地上，立即沉沉睡去，在这片洼地也是如此。但我似乎预感到某些不好的事情，突然站了起来。我浑身发颤，听见旁边传来低低的说话声，于是朝那里爬去。我的双眼仍在努力适应黑暗，可还是看见几名战友蹲在地上的轮廓。

我听见有个上等猎兵沮丧地骂道："这帮王八蛋！"

我蜷缩在两个战友间，盯着微弱的电筒光束扫过冰冷的地面。电筒先照到一双山地靴，然后是两条小腿，接着是屁股。随后见到的东西让我的血液凝固了。一堆稀烂的人肉就在我面前，紧紧贴在地上。我们伏低身子，又往前爬行几米，发现了下一个丧命的德国兵，然后又是一个。这些尸体和先前那具一样，损毁得不成样子。

毫无疑问，我们置身墓地中央。他们可能是在我们之前几个小时撤离布格河的战友。他们是不是在休息的时候被打了个措手不及？那些战友在此处进行了最后的抵抗，还是说这里是我们的第一道防线？名为战争的怪兽永远不会回答这些问题。阵亡者家属收到的通知仅仅是"在乌克兰南部失踪"，这是个令人痛苦的消息，但归根结底要比可怕的真相容易接受一千倍。

见到可怖的这一幕，我们的求生意志油然而生，得赶紧离开这片死亡之地。全连迅速振作精神，刚醒来的人加入长长的队列，跟随震惊、茫然的战友一同出发。我们再次冒着深沉的夜色向前而去。

我只依稀记得接下来几天的磨难，不过，个人经历和回忆还是能让我想起当时发生的某些事情。从某种意义上说，这场后撤是跟敌人赛跑。我们当时状况不佳，还得冒着最恶劣的气候条件，只能以每小时3千米左右的速度行进，红军摩托化部队很容易追上我们。

我们每晚跋涉20千米—30千米，有时候向西而行，然后转身向南，每天清晨，我们挖掘散兵坑隐蔽起来。临近中午，苏联人又追了上来。傍晚，我们离开阵地继续后撤。这种状况持续了好几天。有时候我们会遇到几支己方部队，其他时候独自待在冰冷的草原上，构成环形防御圈。

要理解那段日子艰苦的磨难和严重的匮乏，哪怕只是在有限程度上，读者也得想象当时的情形。一小群山地猎兵神情恍惚，步伐远比平日行军更加踉跄，我们跌跌撞撞，艰难地穿过这片无尽的荒野，每次停下都会不由自主地睡着。我通常会原地倒在雪地里，几分钟后才冻醒。还有点力气的人忙着驱赶筋疲力尽的战友继续前进。命令已无济于事，得靠连踢带打和手枪枪柄。我饿得要命，却只能吮吸雪块，结果造成严重的胃痉挛。

我们早已超出一切人道主义规范，自我保护的本能成为最高法则，这是人类最低等的本能。要是某人饱受饥饿、疲惫、寒冷摧残，时刻面临死亡威胁，又放弃内在的坚持，那么他就彻底沦陷了。我好像陷入一场永无止境的噩梦，战前生活从我的记忆里彻底消失了。

我紧紧盯着前方战友的后背。走在我前面的是年轻的格莱斯多费尔，到目前为止，他打得很勇敢，但早已耗尽力气。他一再偏离队伍，最后跌倒在地。他几乎拿不动武器。我一次次把他拽起来，直到他躺在地上，静静地抽泣。我也快撑不下去了。很长一段时间来，我一直扛着机枪，背着装满弹链的野战背包，还端着半自动卡宾枪。我无能为力地跪在他身旁。中士走过来，挥手示意我扔掉机枪和弹药。

"我们不能丢下这个小伙！"他像父亲那样下达了命令，随后又说道，"没多远了。"说罢就返回队伍最前方。我挤出最后一丝力气，一把揪住格莱斯多费尔的伪装服，狠狠抽了他一记耳光。

"您想死在这里，死在这片泥地里？您肯定不想！所以，小伙子，继续前进，至死方休！"

格莱斯多费尔清醒过来，恢复了理智，重新站起身。我把他拽到身边，让他搭着我肩膀，就这样继续跋涉。

这场后撤最要命的心理影响是孤独，然后是没有面包，没有弹药。至于缺乏医疗勤务和支援武器就别提了。接下来如何行事，与其他战斗群达成的一致是凭估测做出的。仍牵着驮马的士兵太幸运了，他们至少能把最重的东西放在马背上。其他物品只好落在日益憔悴的猎兵肩头。鉴于这种惨状，不难理解为何某些士兵刚遇到敌人就丧失了勇气，惊慌失措地逃离阵地。

3月初某天，确切日期不记得了，因为我那时候丧失了一切时间和空间感。那天早上，中士率领我们到达新防线，给每个人分配了阵地。丢掉机枪后，我现在降为普通步兵。我徒手在雪地上挖了个深及臀部的散兵坑，蹲入坑里。一如既往，我们的任务是昼间挡住敌人，夜间再次后撤。近日的战斗伤亡进一步减少了我们的人数，给我们的防线造成影响，因此，这道防线很薄弱。我左右两侧的战友也独自待在散兵坑里，大约在80米开外。

我突然听见坦克引擎沉闷的嗡嗡声。这种声音令我惊恐不安，就好像触电那样。不言而喻，来的肯定不是我方坦克。自打因古列茨河那时起，我就没见过德军坦克。没过多久，我看见第一辆T-34从浅浅的洼地冒了出来。其他坦克尾随其后，很快汇聚成10多辆战车组成的队列。我朝左右看看，发现两个战友伸长脖子，他们也觉察到对面的敌人正在酝酿某些行动。一如既往，我们身后是平坦、光秃秃的荒原。

我觉得这次难逃厄运了。我深深躲入坑里。眼下没什么可做的，特别是对我们这小群筋疲力尽、消瘦憔悴的山地猎兵来说。即便逃往后方也无济于事，在这片开阔地带，敌坦克会追上来，把我们碾成肉酱，就像他们对付我们先前在洼地里发现的那群战友那样。我震惊地看着一辆辆快速移动的战争机器，无力感油然而生，只能眼睁睁地等待死神降临。

突然，剧烈的撞击声打破了我的遐想，最前方那辆T-34的炮塔被炸成碎片，救星来了！孤零零的一辆德军突击炮早已在我们身后几百米占据发射阵地，我们居然毫不知情。突击炮此时正全力打击敌坦克。没等苏联人判明突击炮的位置，已经有三四辆T-34腾起火焰。另一辆敌坦克转动履带调转方向，结果侧面挨了狠狠一击，整部战车炸成几块。苏联人可能觉得遭遇大股德军，匆匆退回洼地，但继续朝前方地带开炮。我盯着燃烧的敌坦克，一时间如释重负。我默默感谢突击炮炮组，为了我们的安危，他们冒险出击，赢得了这场交火。

我们总算完成了今天的"任务"，跳出散兵坑，朝身后的突击炮跑去。在那里，我们见到突击炮炮组成员喜气洋洋的面孔。他们刚刚点上香烟，显然对自己赢得这场实力悬殊的对决深感兴奋。突击炮车长也很惊讶，没想到居然会在这里遇到己方士兵。他的任务是进入中间地带，设法与敌人接触。他们出现在一小群德国士兵注定要丧命的地方，肯定是命运的安排。我们真的太幸运了！我还记得有人掏出一袋面包干，我们狼吞虎咽，吃得渣都没剩。

突击炮配有车载电台，始终与后方保持联络。我们的中士得知了下一道防线的情况。简短商讨一番后，我们这小群虚弱的猎兵终于坐在突击炮后部，朝西南面缓缓驶去。是时候跟苏联人拉开距离了。行驶了几千米，我们到达一个小村落，在这里并入其他战斗群。

4月4日或5日，又经过50千米跋涉，一切都结束了。第3山地师和第258、第294、第17、第302步兵师，被敌人包围在拉兹杰利纳亚周围。德涅斯特河近在咫尺。眼下的情况极为紧迫，要想挽救一万来名德军将士，就得迅速采取有力措施。包围圈只有几千米宽，平坦得犹如足球场。

指望包围圈外的部队发起救援是不可能的，西面几个师和我们一样，实力也已消耗殆尽。最要命的是，恶劣的冬季气候再次降临，冰雪交加，气温陡降。许多士兵严重冻伤。我们周围的几个村庄，又一次挤满伤员。这次只有重伤员可以待在半遮蔽的屋子里，其他猎兵、掷弹兵、炮兵只好留在露天地。

食物所剩无几，这是我们最后的口粮吗？眼下的情况似乎彻底无望了。我们会不会遭受跟斯大林格勒数十万德国官兵相同的厄运？

师长收到电报，得知第97猎兵师和第257步兵师部分部队在库丘尔甘河周围设立了一片安全区。无论如何都得赶到那里。据第3山地师师史称，第138和第144山地猎兵团当时的兵力，加在一起也只相当于两个实力虚弱的营。炮兵只剩十来门火炮，战斗工兵排也只剩一个。后撤期间，师属各部队的实力遭到严重消耗。

格莱斯多费尔躺在我旁边的雪地里，疲惫的双眼盯着冰冷的草原，随后用山地军帽盖住脸。他那顶军帽上的雪绒花金属徽标脏兮兮的，甚至弯曲变形了。

"汉斯，他们逮住我们了，我们现在陷入重围了！"

我掀开风帽，从双面外套里掏出最后一块饼干，掰了一半递给他："给，拿着！"

我俩默默嚼着死前的最后一餐。就在这时，一辆三轮挎斗摩托从后方驶来，有个军官跳下摩托车跑了过来。

"伙计们，做好准备，我们要突围了！集合点就在南面500米，半小时后见！"

"中尉，那里有吃的吗？"年轻的格莱斯多费尔问道。

"罗马尼亚，小伙子，罗马尼亚有吃的！"

他说得太对了！

1944年4月6日夜间，被围德军发起突围，久经考验的第3山地师打头阵。没有任何炮火准备，全凭夜色为掩护。突围信号刚一发出，我们就悄无声息地从集中待命区站起身。此刻阴云密布，月亮只是偶尔照亮白雪皑皑的乌克兰草原。我们在几百米外遇到敌人的堑壕，一名山地猎兵在那里给我们指引方向。据他说，他们没开一枪就消灭了据守在此处的敌人。我们没有回头，继续朝前方的小村庄而去。

夜空映衬下的那片农庄显得越来越大。此时的气氛愈发紧张，我甚至听见敌哨兵询问口令的喊声。随后传来沉闷的重击，干掉了！我们得赶紧摸到房子那里。我从皮带上拽出一颗手榴弹，朝窗内扔去，随即趴倒在地，等待手榴弹爆炸。伴随震耳欲聋的巨响，窗户从铰链上炸飞了。激烈的战斗爆发开来，很快沦为缺乏协同的各自为战。

某间农舍里，一个苏联人掐住我的脖子，我俩摔倒在地，他摁着我的头，用力撞向硬物。就在渐渐失去意识之际，我猛地抬腿端开他。双方为生存展开殊死搏斗，我伸手摸索腰间的匕首，随后拔出匕首，怀着所有的恐惧和惊慌，不停地捅向他肋部，每捅一刀，他手上的力气就弱一分。苏联人终于奄奄一息地瘫倒在地。我双脚发软，勉强撑着身子朝窗外瞥了一眼。一群猎兵冲过村内街道，却在敌机枪火力前倒下了。几名猎兵冲入农舍，打算穿过菜园，我赶紧加入他们的行列。

战时文学里说的"艰苦斗争"，其实是敌我双方展开的厮杀，通常伴以骇人听闻的暴行，毫无英勇可言。战斗来回拉锯，持续了好几个小时，几乎每栋房屋都起火燃烧。子弹在空中飞舞。我们在沟渠里迅速组建突击队，总共10—12人，还给每个人分发了手榴弹。

嗖嗖作响的机枪火力不停地从我们头上掠过。突击队长举起拳头，刚要下令进攻，拳头就被打飞了，几秒钟前的那只手只剩一截残肢。尽管如此，我还是翻过沟渠边缘，跟随其他突击队员冲入敌机枪阵地。在疯狂的厮杀中，我们干掉了敌机枪组。苏联人随即反扑，迫使我们退回出发阵地。

半数队员不见了，但突击队长命令我们再冲一次。由于身负重伤，失血过多，他此时脸色苍白。我们冲出沟渠，朝敌人投掷手榴弹，随后从阵亡的苏联人身旁冲过，穿过村庄边缘，到达一条深沟，及时挡住敌人第二次反冲击。

我眯着眼望向草原，看见几发照明弹腾入夜空。苏联人此时高度戒备。就像当初在撤往因古列茨河途中，哥萨克策马冲锋的情形一样，先是一小群，随后是一大批，简直一团糟，每个人不得不为自保拼尽全力。随着战斗逐渐减弱，我估计我们很快会突围。可相反，我们接到命令，务必坚守阵地，不得后退一步。

就这样，接下来24小时，我趴在牺牲的战友、阵亡的苏联人、死去的马匹间。得不到任何休息无所谓了，累得筋疲力尽也没关系，可我们在等什么？干吗不冲出这口该死的大锅？待在这里只会等来更艰巨的战斗。我当时不知道，上级故意推迟一天再突围，一个原因是，他们不知道友邻军在何处，需要更多时间弄清楚；第二个原因是，我们要一举夺得村庄，挡住红军近卫骑兵第4军的去路，否则，他们会切断我方补给线，构成合围的威胁，同时击退我们所有后续进攻。

利用这种情况，我们拼尽最后的力量，4月7日傍晚终于掀翻大锅的盖子。落入苏联人手里的恐惧感促使所有人倾尽全力。接下来24小时，数千名德军官兵涌过这条狭窄的通道，我们扼守的通道，只遭到敌人轻微攻击。待伤员通过后，我们也撤离阵地，一个个满身征尘，累得筋疲力尽。在库丘尔甘河对岸掘壕据守的步兵盯着我们，仿佛我们来自另一个星球。

经历了艰苦磨难的几周，死神在我们身边大肆劫掠了一番后，我终于稍稍放松了些。没等我熟悉前线，登陆场就爆发了激烈的防御战。第3山地师的战斗兵力此时不到1000人。令人震惊的血腥杀戮，是东线态势的整体特点。我再也没见到年轻的格莱斯多费尔，他在那座村庄的激烈厮杀中消失得无影无踪，冲出来的战友，没人知道他的下落。每次我想到他，中士的话仍在我耳边萦绕："我们不能丢下这个小伙！"回想起这一幕，总是让我悲痛得情难自抑。

我们顺利突围后，没人知道接下来会发生什么事。一时间传言四起。有人说我们很快会重新加入主防线。还有一次，我们听说全师即将回国整补，彻底恢复战斗力。可事实证明，两种说法都是错的。我们下一项任务是补充嵌入罗马尼亚防线的德国师。行军路线继续穿过蒂拉斯波尔，向西通往蒂吉纳的德涅斯特河渡场，我们4月14日到达那里。第3山地师残部目前集中在德涅斯特河西面。我们把平坦、恶劣、白雪皑皑的乌克兰平原甩在身后，成千上万名战友阵亡、失踪在那里。

待我们进入罗马尼亚，苏联人的攻势减弱了。过去两个半月，红军一路向西挺进了350千米左右，给南方集团军群造成严重损失。敌人终于扭转了局面，德国军队1941—1942年间取得的惊人战果所剩无几。苏维埃帝国永无尽头的疆域逐渐把德国战争机器磨损殆尽，当然，恶劣的地形和气候条件、盟国援助的物资、红军将士不屈不挠的战斗意志也是重要因素。数百万官兵阵亡、负伤、被俘没给苏联人造成太大影响。斯大林格勒合围战胜利后，克里姆林宫的苏联领导人终于掌握了对付希特勒的诀窍。他们以坦克、火炮、大批步兵发起闪电般的攻势，德军将领终于尝到他们自己发明的这种战术的滋味，再也无力扭转颓势。苏联元帅罗科索夫斯基的话完美地总结了这一点："德国军队是一部机器，而机器是可以粉碎的！"

粉碎？没错，我们确实被粉碎了。经历了激烈的战斗，幸存的官兵惊魂未定，平静的喜悦和不祥的预感兼而有之。那时候，我还相信德国能赢得战争，一切都结束后就可以回家吗？没错，我确实是这么希望的！尽管希望多次证明自己是个鲜廉寡耻的骗子，尤其是在战争期间，但归根结底，希望是人的本性。希望模糊了你的无助，往往是你在绝望境况下唯一能坚持的东西。

算了，现在没时间高谈阔论，许多生理需求更重要。为恢复精神面貌，我们住在德涅斯特河后方的屋子里。这是我很长一段时间来首次有容身之地，准确地说是从2月初开始的。是时候好好盥洗一番了！我用了好多肥皂，洗掉皮肤上过去四个月的泥泞、污垢、身体分泌物。我觉得自己的身体状况糟透了。由于始终吃不饱，我的脂肪储备耗尽了，皮肤紧紧裹着没什么肌肉的肋骨。肚子瘪瘪的，就好像我用力往里吸那样。原先我长期干农活，胳膊和腿紧致而又结实，可现在活像干枯的树枝。

还不止如此。洗掉身上的污垢，我发现不少疖子和结痂的伤口，还有好多瘀伤，尤其是右肩。这些伤痕充分说明了我经历的艰难险阻。我是个右利手，所以总是把重达12千克的机枪扛在右肩。过去几个月，沉甸甸的机枪似乎把我的肩膀压低了些。我那些战友也有类似情况，于是医护人员分发了特殊的药膏，涂在明显化脓的疖子上，一两个星期就能祛脓化肿。现在供应给我们的食物很丰富，有肉汤，有煮土豆，甚至还有酒，想吃多少管够。有几次，饥肠辘辘的士兵差点把战地厨房的厨师逼疯。我也一样，每次打饭都要排几次队，简直像食不果腹、叽叽喳喳的小鸡。

眼下的军事勤务不多，就是清理、检查武器、在村内站岗放哨，其他时间都是休息。这些待遇很快让我们恢复了精神。我们还得到新军装，换下破衣烂衫。我弄到一条新军裤，还有一件新的伪装服，带有大大的风帽。这件伪装服，外面是棕色，里面是浅灰色，冬季可以反过来穿，正面有几个带纽扣的衣兜，可以摆放必备物品。我往兜里揣了把折叠刀和几盒火柴，当然还有面包、脆饼干和其他口粮。最后我还得到一双崭新的山地靴。父亲告诉过我，靴子总是要选大一码的，这样就可以穿两双袜子。整个战争期间，我一直照他的建议行事，所以脚趾从没冻伤过。

除了补充武器装备，5月初还有两个行进营从国内开抵。第3山地师这两个行进营的番号编为第16、第17营，每个营有千余人。这样一来，团里严重受损的各分队，多少得到些补充。我们排获得些补充兵，还有几挺崭新的MG-42机枪。东施蒂里亚中士终于当上了排长，他把连队指挥权移交给一名年轻中尉。就任履新时，他跟排里每个人握手，还热情地称呼我们的名字，就好像大家都是老资格山地猎兵似的。他认出我来，拍拍我的肩膀咧嘴而笑。

在此期间，所有休假人员和伤愈者归队了，阿尔萨斯人也在其中，我们乐坏了。当然，他信守承诺，带了些家乡的牛肉干和香肠，我们立马把这些特产瓜分一空。当晚我们坐在一起聊到深夜。我给阿尔萨斯人说了撤往德涅斯特河期间的艰难险阻，他原本喜悦的神情消失了。我觉得他似乎对自己没能跟我们共患难深感内疚。这句话听上去有点不可思议，但他可能觉得，要是他跟大伙在一起的话，说不定能让某些战友挺过难关。

另一方面，他介绍了故乡的情况，也让我有点不安。他家在阿尔萨斯，的确，那里的居民大多是德裔，可那片地区战前属于法国。和他一样，阿尔萨斯地区的许多年轻人自愿加入德国军队。但逆转的战事显然对他那些同胞的立场造成影响，某些地方出现了对德国统治者的消极抵抗。前线军人回家探亲不再受到热情迎接，而是被冷漠地忽视了。

他还跟我说了某个同学的遭遇，此人回家探亲期间失踪了。他躲了好几个星期，最后被人出卖，秘密警察逮捕了他，很快把他处决了。在此之前，我从没听说过国内还有这种事。我觉得这些严酷的措施，完全是战争第五个年头第三帝国面临艰难处境造成的。很显然，为赢得"最终胜利"，采取任何措施似乎都是合理的。吊死在树上的逃兵证明了这一点，后来的退却期间，我在斯洛伐克境内目睹了这一幕。

他还谈到国内遭轰炸的情况，我首次听说"因轰炸而无家可归的居民"。我不知道盟军的轰炸机攻势当时到达顶点。一座座城市和工业中心沦为废墟，整个帝国境内，到处是流离失所的民众。阿尔萨斯人的父母收留了逃离莱茵兰的两个孤儿，他们的父母死于空袭。这番话不可避免地让我想到家人，可我无法想象战事对东施蒂里亚那么偏远、宁静的故乡会有什么影响。我大错特错了！没有任何人能免遭战争伤害。

但此刻，我很高兴跟新老战友待在一起。崭新的武器、充足的弹药、健壮的驮畜源源不断地运抵。我们再次见到己方火炮、半履带车辆、卡车隆隆驶过村庄。经验丰富的猎兵和指挥官任何情况下都值得信赖，第3山地师以此为核心重建，迅速恢复了战斗力。

休整几周后，第3山地师再次奉命开赴前线，这次隶属第8集团军。

我们在东喀尔巴阡山山麓占据了宽大而又安全的防线。至少此处的地形更适合我们这群山地猎兵。喀尔巴阡山脉从布拉迪斯拉发延伸到罗马尼亚低地，形成一个朝北的大弧形。某些地方的山峰，高度超过2500米。

自古以来，喀尔巴阡山脉就是一座抵御敌人的堡垒，抗击过土耳其人、沙皇时期俄国人的入侵。我们这片新战场的一个个山丘上，巨大的峭壁间覆盖着茂密的混交林，站在山崖上可以望到很远的地方。一条条窄窄的泥径穿过小溪、河流形成的狭窄山谷。这片地区人烟稀少，四下里只有些小村庄，大自然主导了此地的风貌。在这里过日子，主要靠森林和畜牧业。摩尔多瓦地区肯普隆格是唯一的大城镇，位于前线后方10千米左右，不仅驻有团部，还有些补给单位和一所小医院。

刚一到达喀尔巴阡山脉，我们立即构筑一连串防御工事。防御地段太长，无法挖掘绵亘的堑壕，但我们想避免当初在乌克兰犯下的错误，我们在乌克兰构筑的防线太稀疏，很快就被敌人突破了。新支撑点都以环形防御哨所构成，以一两个连扼守，不仅配备了榴弹发射器，还储备了大量弹药。我们希望依托这些支撑点，长时间抵御敌人的一切冲击，剩下的任务交给团预备队。

我们忙了好几个星期，堑壕挖得很深，还砍伐树木修筑掩体，拉起铁丝网障碍。工兵在整片地区布设了诡雷，炮兵把榴弹炮部署在山谷里敌人看不见的地方，但炮火可以根据需要从我们头上掠过。支撑点完工后，我们把它叫作"格拉茨"，代表在第138山地猎兵团第1营服役的大批东施蒂里亚人。其他支撑点命名为"克恩滕""多瑙河""施图拜"。我们的机枪主阵地和备用阵地，都有面朝敌人的良好射界。此处的地形，由一连串低矮的山丘构成，延伸到东北方汇入一片低地。要是那些坦克能行进这么远的话，苏联人可以投入坦克发动进攻，但很快会陷入谷底，所以他们只能以步兵发起冲击，而我们对付步兵很有办法。

我们唯一担心的是插入几个团之间的罗马尼亚部队。战争这个阶段，德国领导人不得不使用仆从国军队，可又不想让任何一个罗马尼亚师独自据守某片地段。罗马尼亚第3、第4集团军在斯大林格勒覆灭后，德国人再也不相信罗马尼亚军队的战斗力了，故而采用混编的办法。总的说来，这几个月我们跟友军、当地百姓的关系处得不错。不过，他们拙劣的装备还是让我们摇头叹息，更糟糕的是罗马尼亚军队的凝聚力，事实证明简直是一场灾难。他们的军官大多出身贵族，日子过得很奢侈，就算在前线也是如此，而普通士兵却在散兵坑里困苦交加，两个阶层阵亡、负伤的概率也大不相同。只要战斗白热化，罗马尼亚军官就会率先开溜，可怜的罗马尼亚士兵不得不独自从事实力悬殊的战斗，很快就命丧战场。

我们平安度过1944年6月和7月，前线平静得有点异常。这段时期的战斗，交战双方都很消极。我们主要忙着改善食物来源和掩体内的设施，师里在后方草木茂盛的山丘上养了些肉牛，以此确保鲜肉供应。我们跟罗马尼亚人以货易货，交易得如火如荼。有一次，几个罗马尼亚士兵跑来兜售烤乳猪，反正我们的军饷也没地方可花，日后怎样谁也说不清，所以双方很快达成交易。我们后来又搞到一头小猪和一只羊，可惜没有合适的厨房用具，只好把它们放入硕大的铁浴缸烹煮。众人大快朵颐，把猪和羊吃得干干净净。

森林散发出熟悉的气味，再加上大自然的魅力和温暖的夏日，几乎让我们忘了眼前仍在继续的战争。只有狙击手忙得不可开交。经常有士兵来到我们的堑壕，挎着配有瞄准镜的步枪，询问敌人的观察哨在哪里。然后他们悄无声息地摸到前方地带，等待粗心大意的苏联人犯错。这些日子，要是中间地带响起一枪，基本可以断定有人送命了。据我所知，红军狙击手给我们造成的损失很小。我们在尼科波尔早已学会如何应对这种潜在危险。要是没有直接威胁，我们也不去打扰敌人，以免毫无必要地引来报复。但不是每个人都赞同这种做法，同我们这些"老兵"相比，缺乏经验的年轻新兵更容易挨枪子，以下就是个例子。

我们当时待在阵地上，以机枪掩护东北面。身后有一块很大的岩石，忙于补给时，我们以这块巨石为掩护。如前文所述，我们渡过德涅斯特河没多久，一名年轻中尉接掌了全连。他刚从军校毕业，迄今为止只跟几支游击队进行过小规模交火。他满脑子英雄主义，想凭一己之力扭转战争颓势，让德意志帝国重新占据上风，所以总是急于采取行动。

驱使他这么干的，也许是年轻人华而不实的激情。只要中士和其他经验丰富的老资格猎兵在旁边，中尉就会按捺住自己愚蠢的念头。可那个阳光明媚的日子，他独自跑来检查我们的堑壕。中尉询问敌人的阵地在哪里，于是我们沿整片地带给他一一指明，当然，敌人就是敌人，根本看不见他们的踪影，苏联人堪称真正的伪装高手。中尉随后命令我朝最靠近的目标打几个连发。我可不想暴露我们精心构筑的阵地，所以犹豫了。中尉注意到这一点，语带讥讽地问道："您还等什么？是不是胆子太小不敢开火？"

身后突然传来克制的话语："您为什么不自己开枪呢？"我立即听出是阿尔萨斯人的声音，他已经熟悉了我们的方言。中尉一点也不尴尬，立马拎起卡宾枪，爬上那块巨石，朝对面开了一枪。可惜，没等他开第二枪，一发子弹就射穿了他的左肩，这一枪可能是敌狙击手开的。中尉跌下巨石，摔得头晕目眩，满脸痛苦，但还活着。一名猎兵赶紧跑过来替他包扎伤口。中尉难以置信地盯着自己中弹的肩膀，又一轮痛楚袭来，他终于晕了过去。无论他是否愿意，对他来说战争结束了。只有他这种鲁莽的傻瓜会有这样的好运，至少我们当时是这么想的。过了一会儿，中士来了，很快弄清了刚才发生的事情，于是批评排里最有经验的阿尔萨斯人没有履行"照料战友的职责"。

中士训诫道："我不在乎这个年轻人是不是蠢货，只在乎苏联人再次开来时，他可别失踪了。"

我们没多想此事，觉得这不过是庞大战争中的小插曲。另外，想打垮我们精心构造的工事得费点功夫，仅凭"开来"是无法把我们赶下山脊的，苏联人必须想点别出心裁的法子。

我们这些士兵预感到某些事情即将发生，但另一些情况我们没有料到，悲剧的第二幕即将上演。

第六章
罗马尼亚战线土崩瓦解

8月9日早上8点，我在袖珍日记本里写道："猛烈的炮击持续了两个小时，所有人都待在掩体里。"我们一个个紧挨着，坐在睡觉的地方。敌人的每发炮弹都落在附近，震得掩体顶上的沙尘簌簌落下。根本没办法交谈，因为头顶上肆虐的毁灭性风暴吵得要命。几个年轻士兵吓得浑身发颤。阿尔萨斯人神情坚定地坐在那里，紧咬牙关，好像在嚼什么硬东西。他不时朝我瞟一眼，还微微点头示意。

我已经把机枪检查了不下十次：打开受弹器盖和压弹板，缓缓地来回拉动拉机柄。我还查看了子弹箱，确保每发子弹准确地卡在夹槽上。我盯着一名战友的嘴唇，听见他喃喃祈祷着："耶稣，圣母马利亚，你充满圣宠……"炮击每次停顿，我们就抬起头，可下一轮炮火袭来，我们又赶紧低下脑袋。我不记得这场炮火准备持续了多久，但有一点可以肯定：苏联人发射这么多炮弹不是图乐子，他们很快会发动进攻。会在哪里呢？

炮击结束得和开始一样突然。阿尔萨斯人率先冲出掩体，我端着机枪紧跟在他身后。呛人的硫黄烟雾妨碍了我们的视线和呼吸。支撑点周围满是倒下、破碎的树木。德国士兵像涌出蚁冢的蚂蚁那样，从地底下冒了出来，准备进入指定位置。但赶往阵地遇到些麻烦，我们不得不跨过树干，越过弹坑，穿过炸成碎片的巨石。肾上腺素激增，再加上阵地遭受的破坏，一时间把我们搞得晕头转向。

就在这时，火力再次袭来，嘶嘶作响地从旁边掠过。步兵火力！敌人来了。我无法确定他们在何处，于是架起机枪，先打了串扰乱火力。我们听见俄语下达的一道道命令，随后传来响亮的口哨声和低沉的吼叫："冲啊！"

我看见一拨拨敌散兵朝我们涌来，于是立即进入战斗状态。我左右摆动机枪，拦阻从各处冒出来的敌人。可对方以树木和岩石为掩护，逐步向前跃进，离我方阵地越来越近。手榴弹飞来，炽热的弹片四散飞舞，无情地噬咬着皮肤和血肉。我们遭受了首批伤亡，呼叫医护兵的喊声越来越大。一名战友倒下，旁边的人立即接替他的位置，继续开火射击。要不了多久，敌人就会冲入我方支撑点，他们的突击波次似乎没完没了。阿尔萨斯人从皮带上抽出堑壕铲，放在机枪旁，随后换上新弹链。

突然，伴随着震耳欲聋的剧烈爆炸，我们周围泥土飞溅。我本能地拽着机枪缩回堑壕。地面震颤不已，仿佛整个世界在下沉。己方炮火？一发发炮弹击中残余的树梢，把这些夏日的美景变成致命的木碎片。我们蜷缩在粗糙的树干下，整个身子像乌龟脖子那样缩成一团。石块和碎木片如雨点般落下。伴随着剧烈的轰鸣，一轮轮炮火齐射命中森林。弹幕沿山坡向下滚动，缓慢而又明显。我小心翼翼地抬起头，察看敌人的情况。他们好像被地面吞噬了。我一次次探头张望，直到一发流弹落在附近，我才重新躲到树干下。

在那里！有个身穿土褐色军装的家伙站在两棵树之间，距离不到80米。他没有武器，低着头，似乎有点茫然无措。伴随着爆炸的闪烁，他消失在烟雾里。待硝烟散尽，那家伙彻底不见了，光秃秃的树枝上挂着他的残骸，而几秒钟前他还是个活生生的人。

敌人的进攻遭遏制，至少目前是这样。炮兵战友让我们避免了激烈的近战，但敌人不会偃旗息鼓。他们对己方犹豫迟缓的行动愤怒不已，随即以大口径武器还以颜色。虽然德军士兵设法撤回掩体，可直到夜幕降临，我们才把死伤的战友带离，还补充了弹药。敌人的炮火非常猛烈，但给我们造成的损失微乎其微。先前我们费了好大力气挖掘堑壕，现在看来很值得。不过，中士还是提醒夜间站岗的人要格外警惕，因为我们布设的诡雷和铁丝网都没了，而且敌人现在多多少少探明了我方阵地。

第二天，敌军炮火再次袭来，但烈度明显降低。他们随后又以步兵发起冲击，可还是以失败告终。另一方面，我们继续留意西北面的动静。连里两门迫击炮朝敌人那里发射扰乱火力，但有些事情似乎不太对劲。

经验丰富的士兵对"变天"有种第六感，可我们全然不知周围发生的情况。我们既不知道敌人突破了与第138山地猎兵团毗邻的罗马尼亚部队，也不知道某些支撑点遭隔断，同后方失去联系，不得不在激烈的战斗中勉力自保。前线士兵很难掌握这些具体情况，就连排长往往也只了解连队目前的状况，其他线索得靠拼凑，但我们的预感通常都很准确。

一天早上，我们紧张地等待了一会儿，随后忙碌起来。营里组建了战斗群，奉命支援西北面防御地段。我们这个机枪组也自愿加入战斗群。我们没带三脚架，往背包里塞了好多弹链，沿山谷而下，在山谷中与营里其他人员会合。跟乌克兰的战斗不同，当初在乌克兰，指挥官凭经验下达命令，而在这里，一名军官做出详细的安排："第1排沿小径进入X集结区，第2排封闭南面的谷坡，格林尼治标准时间进入，在Z顶部会合。"他们还商讨了迫击炮和火炮部署问题，这让我想起当新兵的那段时间。

出发后没多久，一阵夏雨不期而至，很快还伴以雷暴，没过几分钟，我们一个个浑身湿透。湿漉漉的衣服比原先重了一倍，爬坡变得无比费力。但经验丰富的士兵知道，恶劣的气候总是对进攻方有利，不仅掩盖了子弹箱和武器的碰撞声，还妨碍了守军的视线。如果天气晴好，进攻方通常难以确定敌人在何处，要等对方开火才发现，而防御方可以尽量让敌人靠近些，直到自己的武器能发挥最大效力。大自然当天显然站在我们一边。

行进期间没人说话，每个人都在等待。进入集结区，我们排成长长的队伍。中士从前走到后，逐一检查每个部下的准备状况。他来到我们面前稍稍停了停，拍拍我和阿尔萨斯人的肩膀。他知道MG-42机枪能发挥效力，我们这个机枪组也会完成任务。我已经把两脚架装在机匣下方，这是德制机枪独有的特点，可以增大转动角度。朝各个方向快速射击至关重要，尤其是森林中的战斗。我把弹链挂在脖子上，必要情况下可以端起机枪开火。

雨水落在山顶，聚在树冠边缘，每隔一会儿就滴落在满是苔藓的地面。我一次次看表，盯着不停走动的秒针。秒针嘀嗒作响，前几个月近乎平静的日子彻底结束了。我的视线离开手表，望向前方壮观的树木。喀尔巴阡山原始森林里的这些大树，粗得一个人抱不过来。要是我父亲打算砍伐这些树木的话，他会从哪里下手？这种优质木料能打些什么呢？待我们发起冲击，这些念头都被抛到九霄云外了。

阿尔萨斯人简短地说了句："汉斯，开始了！"顿时把我拉回现实世界。左侧火力组的猎兵，悄无声息地从阵地起身，消失在前方20—30米的密林中，随后轮到我们。我们迈开大步，踏上遍布密林的山坡。与此同时，我方发射的炮弹嘶嘶作响地穿过荒野，在视线外炸开。炮火惊动了苏联人。零零星星的子弹呼啸掠过。每次变换位置，我都漫无目的地朝敌人有可能存在的方向开火。对方咯咯作响的火力似乎从树梢上袭来。一名猎兵随即冲上去，端起冲锋枪朝树枝间打了个长长的连发，没一会儿，一个红军士兵从树上跌了下来。

进攻的兴奋感，只有亲身经历过的人才能明白。肾上腺素急冲头部，视野急剧收缩，心肺全速运作，整个身体处在战斗压力下。此时你只关注寥寥几个动作：奔跑，寻找下一个隐蔽处，射击，移动，跳跃，变更位置。时间和空间感彻底丧失，只有几个不同寻常的瞬间存于你的记忆中，几十年后仍记得起来：中士朝某个士兵大喊大叫，让他赶紧"动起来"；我身旁喘着粗气的阿尔萨斯人，嘴里突然吐出鲜血；更换枪管时我烫伤了手，因为我没时间找手套。

待我被毙命的苏联人绊倒，才发现敌人的防线。突击期间，利刺扎进我的腿。我欣然接受死神，可上天似乎眷顾我，没让我遭受厄运。战友需要我，这种感觉促使我继续前进。我们面前的抵抗逐渐减弱。随后，下方突然传来激战的喧嚣，苏联人的反冲击？先前没识别出的敌阵地？但我们没有回头，中士率领队伍继续向前。待我们冲上山顶，只找到些弃守的散兵坑，各种武器装备散落在周围。炮火停息了，我们一个个累得要命，瘫倒在足有一人高的散兵坑里，随即汇报弹药和伤亡情况。

幸运的是，阿尔萨斯人伤势不重。我朝他嘴里看了看，发觉他不知怎么回事咬伤了舌头，所以吐出鲜血。这点轻伤不值一提。我的手疼得厉害，但最后只是有点发红，于是我裹了块湿布降温。雨势毫未减弱，仍在猛烈地敲打地面。随着肾上腺素衰退，疲惫感油然而生。我的脑子一片混沌，喉咙干得要命，就像几天没喝水似的。这是每次战斗过后的典型症状，我仰着头，闭上双眼，任由噼里啪啦的雨点落入嘴里。雨水有点硫黄的酸味。一名伤员痛苦的呻吟在下方森林里回荡，最后在吗啡的作用下渐渐平息了。

我们只休息了一会儿，天黑后再次起身，准备拿下第二座山丘。我们拂晓发起冲击，还是采用先前的方式。雨已经停了。我们只在山顶遭遇顽强抵抗。我们在岩石突出部占据有利位置，以火力直接打击苏联人的散兵坑和堑壕。敌人顽强抵抗，还一再朝我们投掷手榴弹。我刚干掉一个敌人，地面上又冒出另一顶钢盔，猫鼠游戏再次上演。尽管我们一再让他们放下武器，可没人投降。最后，几名勇敢的猎兵爬到距离散兵坑几码处，用手榴弹逐一解决对方。伴随着每一声爆炸，都能见到残肢断臂和军装碎片飞入半空，一个个散兵坑很快冒起黑烟，仿佛是通往地狱的洞口。除了这个不真实的景象，胜利感油然而生。我们打赢了，只有几人身负重伤，还有几个战友轻伤，夺回了失去的地盘。

待我们返回支撑点，身上的疲惫一扫而空。其他战友都很好奇发生了什么事，纷纷询问我们这两天的经历。他们给我们留了口粮，于是我们狼吞虎咽地填饱了肚子。杜松子酒瓶在众人手里传来传去，为此次突袭幸运的结果干杯相庆。一名老资格山地猎兵引吭高歌："Auf der Heide blüht ein kleines Blümelein und das heißt Erika …"（荒原上盛开着一朵小花，名叫艾丽卡……）我们扯开嗓门跟着唱了起来，其他战友不甘落后，喜气洋洋地唱起山地歌曲。此时的气氛到达顶点，信心彻底恢复，我们会拼尽全力，至死方休……

我笑着环顾四周，突然看见我们的中士。没人注意他是什么时候走入掩体的。他的眼里充满怒气，紧闭双唇，双手紧紧握成拳头，好像要找个倒霉鬼狠揍一顿似的。我愣住了，目不转睛地盯着他，其他战友也是如此，歌声渐渐停了下来。沉默片刻，中士终于开口了：

"伙计们！罗马尼亚人叛变了，现在正跟我们作战。他们不会有好下场的！"

聚会就这样结束了，可此前究竟发生了什么情况？

红军8月19日的进攻不过是分散德军注意力的手段，没过多久，他们就在东线南部发起主要突击。尽管德国国防军的防御准备很周密，可没过几天，敌人就在几个地段彻底突破了德涅斯特河防线。造成这种局面的主要原因是罗马尼亚军队土崩瓦解，甚至没等敌人发动进攻，大部分罗马尼亚部队就逃离阵地。

防线上出现的缺口再也无法填补，更要命的是，希特勒的"不得后退令"不仅毫无意义，还给德国军队的作战自由度造成妨碍。就像当初在斯大林格勒、奥尔沙、明斯克、博布鲁伊斯克那样，一个个德国师注定要覆灭，不得不在绝望境地下苦苦支撑。与此同时，敌机械化兵团却得以畅通无阻地深入德军后方，切断所有铁路和公路线，由此形成的一个个口袋交给随后赶到的步兵力量消灭。

这场钳形攻势从1944年8月20日持续到25日，不下20个德国师灰飞烟灭。换句话说，德军官兵的损失超过25万！而在此之前，中央集团军群当年6月到7月间覆灭，德国在东线折损了40万将士。西线的情况也好不到哪里去。1944年8月底，法莱斯包围战大难临头，德国第7集团军和第5装甲集团军覆灭，又损失20万官兵。

世人普遍认为，德国军队在斯大林格勒的惨败堪称此次战争的转折点，1943年夏季在库尔斯克附近发起的坦克攻势以失败告终，标志着德军最后一次夺回战略主动权的企图彻底破灭。历史学家忙着研究一场场闻名遐迩的战役，往往忽视了1944年夏季的意义，可恰恰是这个夏季，给德军将士造成恶劣影响。战争最后一幕的阴影，是为生存展开无情厮杀，无法躲避，而且是以噩梦般的疯狂为标志，这种厮杀只有摩洛神能策划。

但这一幕，对我们这些仍坚守在东喀尔巴阡山的猎兵又意味着什么呢？

罗马尼亚原先的反对派得到国王支持，8月23日发动政变，推翻、逮捕了独裁者安东内斯库。两天后，米哈伊一世向德国宣战，轴心国第二大成员叛变倒戈。这起事件来得不是时候，因为第三帝国此时已没有忠实的盟友，相反，敌对势力越来越逼近德国本土，缓慢而又稳定，这些消息渐渐传到前线官兵耳中。军事灾难已无可避免。灾难的旋涡不停旋转，但第3山地师很幸运，恰好位于旋涡北部边缘，暂时逃过一劫。部署在南面的德军部队就没这么走运了，他们实实在在地陷入危急境地。政变后没几天，罗马尼亚部队要么逐一解散，要么投靠了敌人。

可悲的是，我们师某些部队直接隶属罗马尼亚作战兵团，例如我们好不容易才获得补充的几个山地炮兵连，以及反坦克营部分分队。罗马尼亚政变那几天，这些德军分队都被消灭了，幸免于难后逃到我们这里的士兵寥寥无几，而且丢弃了所有装备。他们讲述的经历听得我们目瞪口呆。原先的盟友不仅无耻地背叛，还采用欺骗手段，甚至在许多地方展开残酷杀戮，表现得嗜血如命，许多猎兵心中充满深深的仇恨。

我们立即进入支撑点，最近几周我们一直忙着加固阵地，尤其是在几支红军侦察巡逻队展开试探后。没过多久，罗马尼亚一个班逼近我方阵地，结果被当场消灭，一个没留。

中士从连部回来，显得比平日更紧张。他说我们遭遇了一场大规模背叛，眼下的局面混乱不堪，还让我们做好撤离阵地的准备。师主力已经朝后方转移。后撤令最终下达时，我甚至没卷好铺盖。德军东线最东端还有什么可坚守的呢？这里没有任何要挽救的东西。我们突然间陷入敌方地域，随后分成几个小股战斗群，又一次放弃了精心构筑的阵地，更深地撤入喀尔巴阡山脉。眼下最紧迫的是确保喀尔巴阡山几个山口畅通无阻，好让我方部队，尤其是行速缓慢的后勤辎重队和伤员平安撤离。

另外，特兰西瓦尼亚的撒克逊难民排成一眼望不到头的队伍，汇入我们的行军纵队。要是不提平民百姓遭受的苦难，尤其是流离失所者面临的可怕命运，我讲述的战争经历就不算完整。

他们把仅剩的一点东西都放在粗陋的马车上，总是在我们的集合点附近宿营。请注意，我是说他们睡在露天里。当时，我们的后勤单位想方设法给他们提供些生活必需品。最让人难受的是，这些难民几乎都是妇女、孩子、老人，很少见到年轻人。勇敢的女人用破布裹着孩子，把他们缚在胸前，总是竭尽全力，艰难地熬过每一天。他们勉强糊口，面对未卜的将来。他们该去哪里？他们还能创造新的生活吗？

我们早已站在失败一方。

罗马尼亚改旗易帜，让居住在此地的德裔只能逃亡。因此，1944年8月25日后，原先的德国人定居区迅速清空。比斯特里茨、锡比乌、舍斯堡、克龙施塔特，不过是彻底受到南乌克兰集团军群土崩瓦解影响的寥寥几座城市而已。

我们离开东喀尔巴阡山的阵地，暂时编入第8猎兵师，向西穿过肯普隆格，特兰西瓦尼亚撒克逊人组成的难民队伍行速缓慢，但紧跟在我们身后。第144山地猎兵团已脱离第3山地师，奉命赶往南面，去填补防线上的大缺口。这为塞克勒齐普费尔地区的德裔争取到更多时间，根据第二次《维也纳仲裁裁决》，该地区1940年割让给匈牙利。

塞克勒齐普费尔地区呈新月弧形，沿特兰西瓦尼亚北部和东北部边界延伸。那里的居民一半是匈牙利人，另一半是罗马尼亚人。匈牙利边防部队匆匆动员，企图坚守该地区到9月份。看看那些匈牙利官兵，我们就知道这场行动纯属徒劳。年迈、憔悴的匈牙利士兵带着破破烂烂的武器，这些装备可能是第一次世界大战的遗留物。我突然想起父亲那身奥匈帝国的军装。匈牙利边防军看上去就像上一次世界大战的仪仗队，印在旧明信片上挺好看，但久经沙场的红军会像秋风扫落叶那样把他们消灭殆尽。

后撤的这几周，情况和命令几乎每天都有变化。前一分钟，我们还以排级兵力趴在铁路桥后面，掩护战斗工兵的炸桥作业，后一分钟，所有士兵就奉命沿山路砍倒树木，以此阻挡敌人。这种做法其实毫无用处，因为苏联人已经从左右两侧迂回。

我们一次次跟己方部队失去联系，尤其是执行后卫任务期间。我们经常作为机枪分队使用，不得不坚守一整天。夜间行军特别烦人，必须靠指南针判明方向。在苍白的月光下，你永远不知道会遇到什么人。对面是友军还是敌人？这种情况造成毫无必要的紧张感，不少德国士兵沦为己方火力的受害者。一连数日寂静无声，见不到一个人，这种情况很常见。随后，敌人的火力突然袭来，极为猛烈，我们不得不像兔子那样仓促逃窜。

我还记得某天早上，我们这个机枪分队，可能有五六个人，奉命担任后卫。连里其他人打算沿狭窄的山谷后撤。机枪阵地设在山脚下，几名战友在稍远处挖掘了散兵坑。周围的地形很难进入。机枪正对一片光秃秃的山坡，山坡后方是茂密的森林，一棵棵树木长得很高大。整个上午一直很平静，可到了中午，罗马尼亚人突然袭来。整整一个营！

这帮暴徒大喊大叫，径直冲出森林。他们毫无协同，也没有支援武器。阿尔萨斯人很有先见之明，早就选好了阵地。光秃秃的山坡像个瓶颈，限制了敌人攻来的方向，我们只要猛烈开火就能挡住对方。他放罗马尼亚人逼近到200米左右，随后扣动扳机，以机械般的耐性来回摆动机枪，MG-42的高射速完成了剩下的活儿。头一拨子弹早已瞄准目标，罗马尼亚人中弹倒地，还有几个从山坡上滚落。敌人可能没料到会遭遇这么激烈的抵抗，冲了几米赶紧停下脚步。有个罗马尼亚士兵扔下武器，高高举起双手，其他人有样学样。这出闹剧刚刚开始就结束了。

200余名罗马尼亚士兵举手投降。垂死者和伤员躺在他们之间，在草地上扭动，不停地惨叫、呻吟。我和另一个战友端着枪，上前收容刚刚抓获的这群俘虏。看见我们只有几个人，罗马尼亚人大为吃惊，他们肯定以为遭遇的是大股德军。我刚靠近，就看见一个罗马尼亚士兵慢慢放下双手，我赶忙用蹩脚的罗马尼亚语朝他喊道："Mâinile sus！Mâinile sus！"（举起手来！）可这家伙从兜里掏出件东西开了一枪，枪声打破了沉默。我赶紧低头，子弹险险地从我头上掠过。我没站直身子就扣动手里的半自动卡宾枪，朝他开了一枪。

几乎是同时，阿尔萨斯人的机枪开火了。他先朝人群打了个散射，最后朝地上来了几个点射。随后，一片沉默。我再次喊道："Mâinile sus！"第一批罗马尼亚士兵不太情愿地站了起来。伤员的惨叫声加剧了。待我从最初的震惊恢复过来，就挥手示意罗马尼亚人上前，每次一个人。在阿尔萨斯人严密监视下，我们彻底搜查了这群俘虏，随后命令他们排成长队。

后卫任务顺利完成，另外，我们也不能待在这里，等待更多敌军到来。于是我们撤入山谷，下午晚些时候赶上连队。死者和重伤员只好留在原地，就像扔在草地上的大批武器那样，眼下的局面极为混乱，谁有工夫照料他们呢？见我们押着这么多俘虏归队，连里的人惊呆了。中士对我们取得的战果特别高兴，觉得终于报了一箭之仇。

"干得好，伙计们，太棒了！"

几天后，为表彰我们赢得这场胜利，我和另一名战友获得二级铁十字勋章。阿尔萨斯人早就得过这枚勋章，连队简短点名时，给他颁发了一级铁十字勋章。随后的日子，一切照旧。但我们的损失也不断增加，战斗力明显下降了。我们朝泰斯纳方向行进，取道博尔沙继续向西退却。我们得知目标是匈牙利，至少目前是这样。可这种情况没有发生。

匈牙利边界的局势，再加上部分匈牙利部队倒戈，迫使我们更改了计划。确切地说，我们现在赶往莫伊塞伊十字路口的罗马尼亚—波兰边界。战地宪兵在那里把我们拦下，命令我们赶往罗马尼亚腹地。全连登上等在路边的卡车，彻夜向南行驶。

挤在左右两侧战友温暖的肩膀间，伴随卡车的晃动，我很快睡着了。第二天早上，我们到达德达火车站，发现从建筑工兵到后勤补给单位，所有人都聚在这里，甚至还有德国空军人员。此处弥漫着临时拼凑的气氛，一些参谋军官紧张地跑来跑去，表明情况没有任何好转。短暂的集合点名后，我们立即接防匈牙利边防部队弃守的部分防御地段。攀登山峰把我们累得够呛，好多山脊高达1000米，更何况我还背着三脚架和弹药。匈牙利人原先的阵地，只能靠熄灭的火堆和空罐头来识别，投敌前，他们甚至没挖散兵坑。

阿尔萨斯人言简意赅地说道："要是我们都像匈牙利人和罗马尼亚人这样保卫祖国的话，战争早就结束了。"这句话不太正确。诚然，我先前跟匈牙利人处过，对他们的印象不太好。可我见到的是他们的三流部队，后来在布达佩斯附近的匈牙利低地，在巴拉顿湖，他们的正规军打得非常顽强，一直战斗到最后一兵一卒。即便大势已去，部分匈牙利陆军、空军特遣队仍在奥地利境内继续奋战。这个事实经常被人遗忘，取而代之的是德军战斗力强大的神奇传说。

没等多久，我们就跟敌人发生接触。第二天早上，红军步兵慢慢登上遍布森林的山坡，可能是想占领山脊。我觉得他们都是些"没经验的家伙"。利用这段时间，我们妥善地隐蔽起来，挖了宽宽的凹槽，架好机枪，还覆盖了冷杉树枝。和以往在森林里战斗一样，把机枪两脚架装在机匣下方。我把三脚架放在脚边，用防水布裹好，我可不想每次倾盆大雨后都得清理脚架上的泥污。士兵的少量财物（如果能这么称呼的话）总是随身携带，或是放在山地背包里。在必要情况下，几秒钟就能收拾妥当，做好再次出发的准备。

我的背包里放着两三条长长的弹链，有500—600发子弹。我们这些猎兵很不喜欢传统的子弹箱，一是因为子弹箱总是叮当作响，简直像疯了似的；二是因为这玩意儿太重，像拽橡皮管那样把你的胳膊往下拉。把弹链放在背包里更容易携行，也不会发出声响。在必要情况下，新弹链可以直接挂上前一条弹链的空链环，咔咔作响地穿过机匣。这种做法一次次证明很管用，尤其是因为射击期间几乎没有明显的中断。由于MG-42射速很高，一秒钟25发子弹，简直令人难以置信，主射手必须充分掌握发射技能。首先要做的是妥善保管弹药。精准的短点射能给敌人造成最大伤害。

除此之外，细节决定成败。构造阵地挖出来的土都得扔到后方，以免留下任何活动迹象。森林必须看上去完好无损，伪装作业需要的树木，都得从后方砍伐。中士下达了命令，严禁吸烟、生火，因为在森林里，还没见到闪烁的烟头或火光，就能闻见烟味。我们不能暴露丝毫做好了防御准备的迹象。一动不动地待在阵地上需要严格的纪律，而纪律建立在经验的基础上：无论进攻还是防御，突然性往往意味着生与死的区别。

我们的座右铭是"像死人那样趴在地上"。所有人几乎一言不发，真要说话的时候也是低声细语。要拉屎的话，只能在夜里。土墙上有个拳头状的孔洞，足以解决尿急的问题。侧躺的时候可以朝洞里撒尿，黑色的森林土壤吸收尿液，会立即消除尿臊味。

我们放敌人逼近到几米开外，这种做法我们先前干过几十次。我们还充分利用了森林的宁静。周围的大自然一片寂静，你能听见鸟儿在歌唱。但干树枝清晰的断裂声，竭力抑制的呼吸声，暴露了属于和不属于森林的东西。一个离我们最近的苏联人突然停下，好像发现了什么。我们清楚地看见，艰难的攀爬累得他步履蹒跚。他几乎有点小心翼翼地摘下军帽，抹掉前额密密的汗水。他低下头，突然发现了我们。就在这时，我们的机枪喷出第一个点射，伴随猛烈的冲击力，子弹打爆了他的脑袋。

地狱之门就此开启，伴随激烈的战斗声，敌人损失惨重。硝烟散尽，鸟儿又欢唱起来，仿佛什么都没发生过。我们听见山坡下传来某个身负重伤者怪异而又尖锐的呼救声。

"Pomosh, towarish, pomosh!"（救救我，同志，救救我！）可他的呼救纯属徒劳。求救声几乎响了一整晚，把我们搞得心神不宁，根本没办法睡觉。

不可避免的问题来了，我们这群猎兵，为什么没人去救助那些显然要送命的人？要解释这个问题，就得无情披露整个东线普遍存在的事实。东线的战斗与其他战区完全不同，这么说吧，死亡无处不在。不过，两个制度在东线厮杀，引发的全面暴行仍是现代史上绝无仅有的。另外，为消灭对方的制度而付诸的努力，再加上新的武器技术，把我们推向极端。德语单词"Vernichtungskrieg"（歼灭战、灭绝战）完美地概括了这一点。

1944年9月29日，我在袖珍日记本里写下"发烧"两个字。漫长的秋雨、山脊上的低温打垮了我的身体。山上没有住宿的房屋，我的病情根本无法好转。某天，我蜷缩着身子，苦苦忍受煎熬，中士发现了，他觉得情况很严重。于是，补给队当晚把我捎回营里。我的嘴唇颤抖得厉害，几乎说不出话来。医务所设在改造过的农舍里。我服了退烧药，医护人员随后把我送上后勤补给队一辆有顶的车辆。我不知道这趟行程有多远，因为大多数时候我睡得很沉。医护人员不时查看我的情况，还送来热汤。喝完汤，我立即爬回铺满稻草的移动床，肚子里暖乎乎的，非常舒适。

待我的状况有所好转，就受领了给作战部队送食物的任务。我们分到一匹马，还有辆大车。我应该可以在执行这种"轻勤务"期间彻底康复。没过多久我就发现，给不断变化的前线送食物，简直就是自杀式任务。

与我同行的是个上了年纪的施蒂里亚士兵，某个晚上，天太黑了，我们找不到己方部队，只好返回后勤辎重队，没完成任务。第二天，我们决定早点动身。由于森林小径很快变得杂草丛生，我们转到一片干河床，马匹和大车在干涸的砾石上发出很大声响。

我俩不知不觉进入敌军地域，赶着大车转弯时，突然看见几个抽烟聊天的士兵。我以为对方是罗马尼亚人，他们的武器放在不远处，架成三角形枪架。尽管双方都吃了一惊，但谁也没采取敌对行动。我朝他们挥手致意，喊了声"晚上好"，然后继续行进。施蒂里亚战友面不改色地跟在我身后。又前进了几米，我们平安回到森林，赶紧加快速度。敌人显然把我们当作他们自己的补给小组了，也可能是太累了，不愿追击我们。我们终于找到己方连队，赶紧汇报了误入敌方地域的意外情况。

经历了这场不愉快的遭遇，我谎称自己彻底康复了，于是奉命返回原先的机枪分队。打那时起，我就对后勤补给队满怀敬意。他们的任务绝不是在公园里散步，尤其是已方部队后撤期间。战争取决于后勤，至少在一定程度上是这样。自亚历山大大帝那时候起，情况就是如此。没有源源不断的后勤补给，就算世界上最精锐的军队也难以为继。后勤工作绝不是低人一等的勤务。他们夜间行进在陌生路径上，大多数时候孤身一人，带着宝贵的物资，还要迅速转移负伤或患病的士兵，当然也得把损坏的武器装备送到后方修理。

我归队时受到热烈欢迎，不仅因为机枪分队是个亲如一家的小群体，还因为我们的团队经常执行掩护任务。众所周知，痛苦和不幸往往交织在一起，一切都得找人倾诉：担忧和疑虑、微薄的口粮，有时候甚至还有一两个小笑话。在掩体里共度漫长时光，你对身边战友的了解远远超过你的亲兄弟。每个前线士兵都知道这种纽带，但很难用言语描述，这条纽带在无数次战斗中编织而成，在默默忍受无尽的痛苦期间得到加强，已成为新的生活方式。

战争结束后，我经常想起那些战友，尤其是阵亡或失踪的伙伴。回到家里的农场，漫长的冬季给了我足够的时间回忆。我坚信还会跟他们重逢，这辈子不行的话，就下辈子，那一刻总会到来的。

但1944年10月，根本没时间深思，棘手的情况实在太多。就拿1944年10月15日来说吧，那个星期天，我第一次被苏联人所伤。就像前面说过的那样，我们主要在夜间活动，白天属于敌人。我们在山上的散兵坑里孤独地熬过漫长的白昼，必须派人回连部，给前线其他战友取回食物。大多数时候，这个活儿在夜色掩护下完成。那天轮到我，于是我拎起步枪，背上山地背包。我下山后顺利找到分发食物的军官，没遇到任何意外，随后立即返回。

回到我们的阵地，我伸出右手，想从背包里取出面包。就在这一刹那，敌人那里响了一枪，呼啸而至的子弹擦过我右手食指。我一头扑倒在地。没等第二枪打破寂静，阿尔萨斯人赶紧把我拽到安全处，动作娴熟地从防寒外套里掏出绷带，替我包扎了血流不止的伤口。他随后起身，朝敌人的方向狠狠打了几个连发。

我当时惊吓交加，起初没什么感觉，随后突然想到自己的手可能废了，疼痛感迅速传遍全身。借助微弱的月光，我盯着绷带包裹的伤口，它已形成个血块。我甚至想割掉手指，好摆脱剧烈的痛楚。当时根本无法入睡，所以接下来23小时，我无所事事，什么也做不了。阿尔萨斯人把最后一支烟递给我，稍稍缓解了我的情绪。我以前从不抽烟，后来也没再碰过，但尼古丁确实有点镇定作用，至少在短时间内是这样。

次日傍晚，我去伤员收容点检查伤口。烛光下看得清清楚楚，子弹削掉一块指尖，伤口深及骨头。指甲稍有些弯曲，沾满血迹。指肉上覆盖了一层渗出的组织液。为防止坏疽，医生往我屁股上打了针破伤风疫苗。医护人员的动作不太温柔，让我的屁股疼了好几天。

我的伤势不重，待在辎重队或其他后方部队还不够格。再说了，塞克勒顶端的防线备受重压，形势危急，需要把每个可用的士兵投入防御。他们给我的手指裹上厚厚的绷带，吩咐我当晚就返回排里。我仍能发射机枪，因为三脚架右侧有个很大的扳机。另外，远射装置反正是用左手操作。我只是没办法把几条弹链连在一起，但其他战友可以帮忙。

此时我们已靠近匈牙利边境，又一次在像模像样的屋子里过了几天安稳日子。我们不仅补充了装备和弹药，还迎来部分伤愈归队人员。他们谈起家乡的惨状，让我陷入沉思。美军目前攻往西格弗里德防线，苏联红军也深入波兰。盟军的空袭蔓延到整个帝国，维也纳、维也纳新城、格拉茨、克拉根福都传来遭受破坏的消息。

德国空军为何不对此采取措施？可以肯定，原因不仅仅是他们要支援前南乌克兰集团军群残部的殊死奋战。德国空军目前出现在空中的战机少得可怜，另外，混乱后撤期间，他们不误炸己方部队就谢天谢地了。相比之下，红军几乎每天都派出战斗机，反复扰乱我们的后方补给线，轰炸德军军列，攻击运输车队，经常给军人和平民造成毁灭性后果。

因此，随着局势日趋恶化，普通士兵有时候靠酒精镇定心神，又有什么可奇怪的呢？某天晚上，我也拎了个水桶，往里面灌满我在罗马尼亚地窖里找到的半发酵葡萄酒。当地农民看见了我的举动，但没吭一声。严格说来这是劫掠，我很清楚事情一旦败露，国防军肯定会施以惩戒。可眼下的情况，又由谁来执行呢？我当时觉得，拿我偷葡萄酒跟我用机枪无数次干的事情相比简直是发疯，偷东西是军法管辖的犯罪行为，而开枪杀人却能获得勋章。真这么搞的话，司法的恰当性何以体现呢？我只是想忘掉发生过的事情，也不想知道接下来会遭遇什么。

回到住处，我们痛饮了一番。没有鼓舞士气的笑话，也没人情绪振奋地唱歌，一个个脸色阴郁，气氛比葬礼还低沉。好多猎兵发泄了怒火，大骂"上面那帮混蛋"，他们早就对此心知肚明。休假归队的士兵，多次说过当地纳粹官员令人不齿的行径。听着他们的怒骂，我更加热血沸腾了。很明显，好多纳粹官员的意识形态妄想过于狂热，已经激起同胞的愤恨。他们的恶行不胜枚举：迫害政治对手，从工人和农民身上榨取钱财，甚至狂热地执行苛刻的规定，以此管理普通民众的日常经济生活。好多农民是干农活不可或缺的人手，结果却上了前线，原因仅仅是他们宰的猪太多了。这些倒行逆施自然加剧了民众对纳粹政权的反感，也激起他们的报复念头。

那天晚上我们做出一个决定：回家就跟那帮大人物和好战分子算账，哪怕赤手空拳也在所不惜，就像我们在东线学到的那样。只有中士始终保持镇定。

他说道："要算账也得先活着回家。"

他说得没错。我们当中三分之二的人再也没见到日思夜想的家乡。

我们到达匈牙利边界，标志着罗马尼亚境内的战斗结束了。我负轻伤后那几天，部队的后撤速度很快，快得甚至没给我时间把途经的一个个地名记在袖珍日记本里。跟当初撤离乌克兰的情况不同，我们这次获得了足够的交通工具，都是崭新的三轴卡车，载货区很宽敞。这让我们免遭长途跋涉之苦，体力得以恢复。

但把美丽的喀尔巴阡山甩在身后，不免让人多少有点怅然。虽说困难重重，可山区还是带给我们好运，林木茂密的山地，有好多河流和狭窄的峡谷，敌人无法利用他们的物质优势。坦克在狭窄、蜿蜒的山口几乎派不上用场，主要因为它们的弹道太平直。敌人的火炮也是如此，那些火炮只能以最高角度射击，因而射程有限。我们唯一担心的是他们的迫击炮。我无法解释红军迫击炮组的技术为何会如此精湛，任何情况下，他们通常发射三四发炮弹就能直接命中目标。所以我们唯一要做的是迅速变更位置。

至于敌人的步兵，我们总能把他们挡在一段距离外，即便我方兵力寡不敌众也是如此。机枪就是为此打造的。我们经常利用精心挖掘、妥善伪装的阵地，与优势之敌交火，完成任务后悄然撤离。众所周知，这种旷日持久的阻滞战能保全兵力，因此，第3山地师1944年10月相对完整地抵达匈牙利低地，能做到这一点的兵团寥寥无几。我们在那里即将面临艰巨的新任务。

红军担心在喀尔巴阡山脉遭受严重损失，因而把进攻重点转向蒂萨河东面的低地。9月底，我们仍坐在卡车上时，索尔诺克、德布勒森、尼赖吉哈佐周围爆发了激烈交战。尼赖吉哈佐那个地方，后来改变了好多战友的命运。我在那里又一次面对死神，不仅尝到他的淫威，还充满意外。

第七章
匈牙利境内的厄运

匈牙利平原非常适合坦克展开行动！我们乘坐卡车，从喀尔巴阡山山麓赶到这里，刚刚行驶了几千米，就进入平坦而又荒凉的草原。那天是1944年10月23日，我们在途中超过长长的德军纵队，以及源源不断的难民大潮。每个岔路口都站着宪兵，由于前线情况混乱，他们在各处关卡都挥手放行，显然想让我们尽快赶到新作战地域。附近好像有什么东西在燃烧，即便坐在卡车上，我们也能闻到。

越是靠近远处腾起的烟柱和沉闷的爆炸声，我们这群猎兵就越沉默。没等大伙弄明白，就看见一辆掩护道路的德军突击炮。车队负责人跟站在路边的战斗指挥官简短地谈了几句，车队突然转向西北面。我们很快到达大卡洛村，村庄的标牌上满是弹孔。整个村子惨不忍睹，好多房屋烧得只剩地基，剩下的也塌了一半。苏联人的坦克残骸散落在周围，阵亡的红军士兵倒在地上，大批技术装备扔得到处都是。

情况很快弄清楚了，红军一股突击力量，据说是骑兵，几天前占领了大卡洛和周边几个村庄，随后继续向北攻击前进。德军某装甲师迅速拼凑兵力发起反冲击，就连村口的哨兵也投入战斗，一举夺回大卡洛村。红军先遣部队遭包围，不顾一切地冲向德军防御阵地，企图逃脱覆灭的厄运。我们当时不知道敌人的前线兵团里有个老对手：近卫骑兵第4军。他们当初一路追击我们穿过乌克兰，在因古列茨河差点消灭我们。现在终于能报一箭之仇了。

待我们到达村内主广场，立即整装列队，焦急地等待装甲部队高级指挥官到来。随后，第138山地猎兵团几个连简短地听取了情况通报。我们当时不太清楚具体状况，但半个小时后，我们列队赶往村子南面，穿过毗邻的田野，接防装甲掷弹兵连据守的防线，突然明白了要我们执行的任务：接替装甲部队，腾出这股力量继续遂行进攻，我们还要坚守南面的封锁线。这群装甲掷弹兵已经战斗了好几天，但他们给人的印象是非常顽强。许多装甲掷弹兵配备了新型突击步枪，由此看来，新式神奇武器的传说肯定是真的。令我们惊讶的是，他们还把在大卡洛村缴获的几箱美国肉罐头送给我们。此举极大地振奋了我们的士气。有这样的战友在身边，对付所谓的苏联压路机根本不在话下。

当日昼间，我们忙着加强阵地。一群士兵进入前方几百米的小树林，以防突如其来的敌人把我们打个措手不及。就连匈牙利村民也热心地提供帮助，苏联人短暂占领该村，让他们遭了大罪。穿过村子的短暂行军期间，我亲眼见到几个丧命的村民。他们的尸体放在临时搭造的担架上，身上盖着白床单。

有个村民用犁在地上开出几条宽阔的犁沟，我们随后继续挖掘，构成齐膝深的绵亘堑壕。这个匈牙利人继续干活的心情非常迫切，不停抽打挽马，可怜的马儿累得差点倒下。另外，我们还把先前的散兵坑匆匆扩建成临时阵地体系，只是时间不多，没办法进一步强化阵地。我把机枪架在第一道防线后方50米左右，就在小土丘后面，这座土丘能让我们免遭火力直接打击。一条深深的田间排水沟，斜斜地离开土丘，通往村庄边缘。虽然沟里满是水，但在必要情况下还是可以藏身的。右侧不远处架着第二挺机枪。连里几门迫击炮部署在村内广场周围。

黄昏前，有个匈牙利妇女来到我们的L形堑壕，送来新鲜的甜甜圈。这番热情款待出乎我们意料，我深受感动，连声感谢她送来美味佳肴。看着我们这群年轻小伙，她想到了什么？她年龄稍长，可能也有儿子，说不定也在前线某个地方。大卡洛村是她的家。她或许把所有希望寄托到我们身上，期盼我们保护她和她的同胞。昨天蹂躏村子的那帮人把他们害惨了。尽管几个猎兵可能真有这种念头，但我们的目标远不止这些。首先，我们想摆脱这场堪称灾难的战争；其次，我们不想让亲人遭受同样的厄运。我不由得想起两个妹妹，她俩一个17岁，另一个刚满16岁。要是敌人到达东施蒂里亚怎么办？简直不敢想。我冷冷地盯着昏暗的光线，此时，头几滴雨点落在山地军帽上。我暗自想道："鬼天气，放马过来吧！"

我裹着防水布打了个盹，细密的雨水顺着脸颊淌下，随即被我的围巾吸收了。支离破碎的梦境飘过脑海，我看见父亲站在我们家燃烧的屋子前，母亲眼里噙满泪水，一个个土褐色身影登上陡坡。我站在父母身旁，吓得不知所措。

砰！我立即站起身，睁大双眼，彻底清醒过来。哪里响枪？砰！随后又是一枪，接着传来炮弹沉闷的爆炸声，绝望的喊叫，断断续续的机枪火力。毫无疑问，前方树林出事了，就在300—400米外，前哨就设在那里。我们的阵地立即活跃起来，我甚至能觉察到村里的活动。那里的猎兵可能正匆匆跑向榴弹发射器，从弹药箱取出榴弹，准备好发射器。战斗的喧嚣再次爆发开来，直到突然陷入死一般的沉寂。

过了好久，我听见最前方的散兵坑有人压低声音问道："口令？"没人应答。突然，黑暗中冒出个鬼魅般的身影，弯着腰，踉踉跄跄。

阿尔萨斯人顿时警惕起来："口令？该死的，同志，口令！"

"敖德萨！"

"进来吧。"

没等我弄明白怎么回事，一名猎兵跌入我们的机枪阵地。他喘着粗气，含糊不清地嘟囔着："没看见他们逼近，也没听到动静，他们突然冒了出来，把我们一个个干掉了。"

我盯着他颤抖的双唇。我的手紧紧握成拳头，脏兮兮的指甲扎入手掌。

"我们竭力自保。我大腿中弹了，得去看医生……"

我几乎能闻到冷血的气味，舌头上有股铜的味道。

"从这里进入排水沟，顺着走就能到达一所房子，急救站就在那里。"

这名战友惊吓过度，几乎有点机械地站起身，一瘸一拐地走了几步，消失在黑黢黢的夜色里。只有排水沟传来的搅水声，见证了一群猎兵以越来越少的兵力苦战后仅剩的生还者。

"天哪！什么时候是个头？"

我摇摇头，算是回答了阿尔萨斯人不需要回答的问题。

此时，疲惫感显然消失了。我们在匈牙利境内的开端不太好，根据我的经验，祸不单行这句话是有道理的。几个小时后，中士来到我们的阵地，他浑身湿透，沾满泥污。他认为对面的敌人不是炮灰，绝对是斗志顽强的老兵，我们得谨慎应对。

中士扶着我的肩膀说道："去接管另一挺机枪，我觉得新来的机枪手太紧张了，不能指望他们。"

我不太情愿地站起身执行命令。待我赶到那里，从头到脚也沾满了泥污。我气冲冲地给蹲在阵地上的三个家伙下达了几道指示。最重要的是，我开火前他们千万别开枪。我还让他们把通往后方的交通壕挖得更深点。我可不想在即将到来的交火中暴露在外。

拂晓前不久，炮弹袭来。起初只是零零星星的迫击炮弹落在这片地带。我们的迫击炮也以断断续续的炮火还击，砰——砰——砰，后方战友发射的炮弹从我们头上掠过，有时候落入树林，有时候射得更远，飞向远处的几座农舍。嗒嗒作响的步兵火力也加入其中，还有机枪毫无目标的长连发。我不清楚这些火力的来源，暂时没有还击。

就在这时，一个小伙发现树林里有动静，不假思索地站起身，端着卡宾枪朝那个方向毫无意义地开了几枪。我朝他喊道："老老实实坐下，别再胡乱开枪！"可为时已晚。一发炮弹以雷霆万钧之势袭来，差点击中堑壕，我甚至没听见发射声。"该死的苏联人！"第二发炮弹直接命中，把年轻的猎兵炸得支离破碎，身体飞入半空，掉进潮湿的沼泽地。敌人识别出我们的阵地，有条不紊地射来炮弹。一发发炮弹的炸点离我们的机枪阵地越来越近，翻搅着地面，简直就像一条巨大、贪婪的蚯蚓朝我们游来。先前蹲在机枪旁边的几个小伙吓坏了。

"出去！"我喊道，"出去，赶紧离开这里！"说着，我把两个猎兵推入后面的交通壕，顾不上机枪，一头趴在避弹壕里。我四肢着地，在泥泞里爬行，每发炮弹落在附近，都掀起土块砸在我身上。有发炮弹的落点太近，冲击波掀飞了我的山地军帽。我顾不上捡帽子，继续向前爬去。可我前面两个伙计突然停了下来。我小心翼翼地站起身瞥了一眼，发现前方一片狼藉，赶紧再次趴下。5米开外，交通壕伸向平坦的农田。"这帮该死的蠢货！"他们没有遵照指示，把交通壕一直挖到村庄边缘，现在要为自己的懒惰付出代价！机枪枪架砸在我旁边的地上，已经无法使用，炮弹炸毁了我们的发射阵地。

我朝两个猎兵叫喊起来，让他们一个接一个跳起身，冲向村庄的安全处。可他们犹豫了。炮弹的落点越来越近，我在最后一刻跳起身，撒腿跑入开阔地，沿之字形路线奔逃，活像被一群龇牙咧嘴的饿狼追逐的野兔。我本以为身后袭来的机枪火力会射断我的腿，可它找到另一个猎物：我身后的人。我再次趴倒在地，停了片刻，做好最后冲刺的准备。又奔跑了30米，我翻过一堵矮墙，跌入地窖。

待我抬起头，看见五六个枪口对着我，赶紧喊道："别开枪！德国人！"周围的士兵立即放下武器，还有人递给我一杯烈酒。火辣辣的酒精流过咽喉，我徒劳地等待机枪组其他成员跟上，可等来的只有飘入地下室窗户的硫黄味。

地窖里有个胡子拉碴的上等猎兵，拎着野战电话不停地吼叫。我待在这里，奇怪的感觉油然而生，既内疚，又有点自责。中士把几个年轻战友托付给我，可我没能照顾好他们。虽然我也许只比他们大一两岁，但这不重要，我已经在前线连续服役了一年多，知道如何应对各种情况。中士命令我接掌机枪组，但三名组员很可能都阵亡了。就算在弹痕累累的野地找到他们，恐怕也只剩残肢断臂。我本该让他们紧紧跟着我，最重要的是，我应该事先检查交通壕。不能责怪这些没有经验的新兵。

这些念头渐渐让我想到，三个风华正茂的小伙，三个家庭，他们的父亲、母亲、兄弟姐妹。简直是一出悲剧！我慢慢啜着杜松子酒，悲痛之情油然而生，再也无法控制情绪，像个孩子那样失声痛哭。我双手捂脸，以免看见身边士兵的反应。有个战友搂住我肩膀，让我的头紧紧贴在他柔软的绗缝伪装服上。

"一切都会好起来的，同志！几辆突击炮冲过去了，我们肯定能夺回阵地！"

我觉察到地面的震颤，听见坦克履带不断发出的叮当声。伴随着坦克炮的剧烈轰鸣，机动的战车发出刺耳的声音。我的情绪稳定了。我是个久经考验的老兵，在必要情况下能抛开一切妨碍战斗的杂念。我得离开地窖，我得返回堑壕，我得设法挽救局面……

　　当天上午在大卡洛村南面发生的小规模交战，甚至没有载入史书。历史书为什么要记载这些呢？就因为几个阵亡的德国兵？就因为我方突击炮的快速反冲击干掉敌人两三门反坦克炮？从军事角度看，局面稳定下来，我们守住了包围圈。国内还会派来新的补充兵，和刚刚牺牲的战友一样，他们也无忧无虑，也强烈渴望自己幸福长寿。

　　这个倒霉的秋日，我内心的某些东西破灭了，不再坚信最终能打败敌人。敌步兵鲁莽的冲击说明不了什么，只要你知道如何应对，就对付得来。可要是你不屑一顾地把红军士兵视为炮灰，那就严重误判了他们的能力和取得的战绩。在他们的队伍里，优秀的战士数不胜数，甚至整支部队都很出色，毕竟是在东线战火中锻造出来的。最重要的是，自斯大林格勒战役以来，他们多次赢得令人陶醉的胜利。苏联人觉得，每前进一步，就离打垮他们痛恨的仇敌、赢得最终胜利更近了一分。而在德国士兵看来，眼下的情况再糟糕不过了。我们已无法掌握一切，自身和祖国的命运完全控制在盟国战争机器手里，他们此时正从四面八方攻入帝国本土。

　　自10月6日起，大规模坦克战一直在匈牙利平原肆虐，此时到达顶点。国防军最高统帅部觉察到整个第8集团军面临遭隔断的危险，于是从布达佩斯周围调来一支建制相对完整的装甲军。此举当然会导致局部防御地段暴露在外，但上级部门孤注一掷。

　　德国装甲军大胆机动，一举打垮红军先遣部队，恢复了德国第6、第8集团军的联系。一连三周，那些英勇的装甲掷弹兵从一个村庄杀到下一个村庄，不断变更进攻重点，所到之处都让敌人遭受了物质和人员的高昂损失。但与此同时，伴随着一场场交战，他们的战斗力也逐渐下降，所剩无几的坦克和装甲掷弹兵编入新组建的战斗群。上级要求他们完成不可能完成的任务。

更要命的是，10月15日，匈牙利摄政霍尔蒂同苏联人展开停战谈判。全凭武装党卫队派出突击队，才在最后关头遏制了前盟友突然倒戈、匈牙利战线彻底瓦解的危局。这场突袭由臭名昭著的党卫队一级突击队大队长奥托·斯科尔策尼负责。他出生于维也纳，1943年9月因解救墨索里尼扬名立万。战争结束时，他被称为"欧洲最危险的人"。

1944年10月26日，德国国防军最高统帅部借助有利的政治条件，下令对陷入重围的红军骑兵军施以最后一击，意图歼灭这股敌军，稳定好不容易控制住的匈牙利战线。

那天清晨，我们得知当天就要发动进攻。师属各部队集中在村内，还调来更多履带式车辆和火炮。我们设在南面的阵地太薄弱了，全副武装的猎兵冲出堑壕，转移到村郊。疲惫不堪的步兵从其他方向而来，看上去不太像正规作战部队，一个个累得要命。中士怒斥后，他们才慢腾腾地进入空荡荡的堑壕。经历了三天激战，几个机枪组剩下的人员构成主要支援力量，否则整条防线就太脆弱了。悲痛感依然挥之不去，于是我把这份心情写入袖珍日记本，以此排忧解郁。阿尔萨斯人感同身受，我俩相互鼓励的日子彻底结束了。

第一缕曙光出现，我们这一侧停止了所有活动。虽说下起蒙蒙细雨，但能见度很好。清晨6点，师属炮兵孤零零的炮声响起，拉开了进攻帷幕。我的神经绷得很紧，都快断裂了。我们必须歼灭敌人，赢得胜利，连里下达的命令明确无误地说明了这一点。在我看来，仿佛有一只无形的手，敲响了拳赛最后一轮的钟声，两个疲惫的对手最后一次从凳子上起身，踉踉跄跄地朝对方走去。

敌人的扰乱火力袭来，无数弹片飞入我们机枪阵地前方的小土丘，迫使我们尽量把头伏低。要是谁敢探头朝中间地带瞟上一眼，很可能就是最后一次了。虽说敌人的炮弹没造成伤害，但一发接一发持续不断。村庄周围响起坦克引擎的轰鸣，粉碎了我们以小规模交战消灭敌人的最后幻想。他们也面临生死之战，肯定会奋战到底。我们的任务是歼灭被围之敌，而他们的企图是突出重围。

第一批敌坦克的炮塔很快冒了出来，一辆德军突击炮朝对方发射穿甲弹。一头头钢铁巨兽展开对决，跟人与人的厮杀一样无情。一团腾起的黑烟表明德军战车命中目标。敌人保持着距离，加强了炮火。

一两个小时后，几支半摩托化、半大车纵队出现在我们右侧。队伍里满是士兵。我和阿尔萨斯人轮流透过机枪上的亨索尔特瞄准具判断对方是敌是友。一辆带顶棚的马车上有个硕大的红星，终于让我们确定了对方的身份。苏联人！第3山地师的进攻惊动了对方，他们朝这道防线而来，企图冲出包围圈。

我毫不犹豫，轻轻握住手轮，松开高度限制锁定杆，把手轮转了几圈，稍稍抬高机枪枪口。嗒嗒嗒，一个短点射，没命中！我又把手轮转了一圈，嗒嗒嗒，还是没命中。直到第四个或第五个短点射，端着望远镜查看情况的阿尔萨斯人才宣布："命中！"

就这样，我找到了瞄准点，赶紧按照射程表设置锁定杆，还固定了侧限幅器。1500米！此时我们的机枪架在三脚架上，这个射程完全没有问题。接下来就是小把戏了，只要有条不紊地射出一个个短点射，甚至一条条弹链，子弹就会完成剩下的活儿。

机枪火力刚一逼停敌人某辆汽车或卡车，我就换个目标。只有轰鸣着驶过田野的美式吉普难以命中，我没理会此类车辆，也没朝散开的个别士兵开火射击。在激烈的战斗中，我根本顾不上朝我们开火的敌人，可供我打击的目标太多了。我左手握着手轮，右手置于扳机护圈。弹链嘎嘎作响地从阿尔萨斯人手上穿过，子弹一发发进入受弹器。他摊开双手，看上去就像在祷告。

机枪冷却套周围烟幕弥漫，表明枪管过热。我打开卡笋和盖环，取出过热的枪管，换上备用枪管。嗒嗒嗒，嗒嗒嗒。"汉斯，子弹不多了！"我没理会战友的提醒。一支支敌纵队继续行进，最前端已到达这片地段的边缘，很快要超出我的射程。今天多干掉一个苏联人，明天就少对付一个，战争期间的逻辑就这么简单。

身后传来粗重的喘息声，我知道3号、4号组员正不断把子弹送到机枪阵地。山地背包早就空了，毫无用处地放在冰冷湿滑的农田上。持续的视觉疲劳混淆了我的大脑，一个个目标相互混杂，射出的火力不再准确。"换射手，动作快！"我猫腰转到左侧，地上的弹壳和空弹链堆得深及脚踝，给我们造成些麻烦。此时，阿尔萨斯人牢牢掌握了机枪。

子弹很快又打完了。两名年轻的猎兵蹲在一旁，其中一个也发现弹药不济，眼皮都没眨一下就跳入农田排水沟，再次去取弹药。他像上了油的螺栓，全然不顾身边嘶嘶作响的弹片，朝村子边缘跑去。沟里的水四散飞溅。刚跑了一半，一记看不见的重击把他打倒在地，软绵绵地倒在沟边。

另一名弹药手也是个年轻的猎兵，见状想跳入排水沟赶过去。我一把拽住他的伪装服，把他拉回来："待在这里，我去！"

我背上山地背包，沿着排水沟朝村庄爬去。我双肘挂在浑浊的水里，靴子、裤子、外套很快湿透了。我从倒下的战友身旁经过，立即发现他已经阵亡。汩汩鲜血从他脖子的伤口喷出，伪装服上血迹斑斑，了无生气的双眼仍盯着村庄边缘，那里是他献出年轻生命前最后的目标。

我上气不接下气地赶到连部，迎头撞上冲出屋子的信号兵。

"我们需要机枪子弹！"

"这里的弹药发光了，您得去教堂拿。"

教堂顶醒目的尖塔指明了方向。三天前我们到达这里时，我就注意到这一点，当时我们赶往离教堂不远的主广场，去接替守在那里的装甲掷弹兵。湿漉漉的衣物很沉，我步履维艰，可还是全力向前跑去。

几个浑身披挂的猎兵迎面走来，身上缠着一条条机枪弹链，看上去活像圣诞树。我看见一辆卡车停在教堂的墙壁旁，有人站在敞开的卡车后厢，正把弹药发给周围的士兵。我把山地背包递给忙着分发弹药的伙计，他拆开几个弹药箱，把里面的子弹倒入背包，装得满满当当。我又拿起两条弹链挂在脖子上，两只手还各拎了一个子弹箱。

我朝机枪阵地匆匆跑去，那里需要弹药！就在这时，我突然觉得自己飞了起来，双脚轻飘飘地离开地面。一道刺眼的闪光击中我，我随后撞上某个硬物，肺差点被撞碎。我侧身倒在地上，盯着鹅卵石铺成的胡乱的之字形图案。我看见几名士兵躺在地上，好像睡着了。身子左侧突然传来剧烈的疼痛，泪水斜斜滑过鼻梁，滚落在地。

我随后看见旁边出现了一双山地靴，那人俯下身子查看我的情况。我想大声呼救，却只能发出含糊不清的咕哝。他从我脖子上取下弹链，消失在视野里。我慢慢闭上眼睛，一切都结束了……

第八章
末日临近

德军的进攻大获全胜。被围之敌除了拼死突围别无出路，他们打垮了挡住去路的一个德军掷弹兵连，部分人员总算逃了出去。第3山地师上报的战果，充分证明这场交战有多激烈：战场上数出852具敌尸；击毁14辆敌坦克，其中6辆是在近战中干掉的；摧毁或缴获100多门反坦克炮、野战炮、迫击炮，以及大批马车、卡车和其他军用装备。与这些战果相比，俘虏34名敌军士兵几乎可以忽略不计。

大批红军官兵现在为无比热爱的"俄罗斯母亲"而战，宁可英勇牺牲也不愿当俘虏。我们也是这样，但跟他们相比，"西伯利亚幽灵"进一步加强了我们的责任感。

德军赢得匈牙利平原的坦克战。作战计划顺利完成，相当一部分陷入重围的敌骑兵逃之夭夭，但技术装备损失殆尽，可能要好几个星期才能彻底恢复战斗力。另外，几个重要的交通枢纽回到德军手里，尼赖吉哈佐和更北面的托考伊仅仅是其中两处，这让德国第8集团军得以从蒂萨河后方有序后撤。但德军将领没能高兴多久，尽管在尼赖吉哈佐赢得的胜利给敌人造成破坏，可这场战术胜利无法彻底扭转局面。相反，德军展开行动之际，苏联最高统帅部调集乌克兰第2方面军，部署在德拉瓦河与下蒂萨河之间。这股力量相当于德国一个集团军群。

10月29日，红军4个实力强大的军攻入布达佩斯，德国国防军和武装党卫队展开徒劳的抵抗。红军庞大的坦克和步兵兵团迅速打垮了守军。面对优势之敌，某些匈牙利部队不是弃守阵地就是叛变投敌。德国最高统帅部知道，眼下完全没可能发起第二次坦克战。德军几个装甲师在德布勒森和尼赖吉哈佐苦战了一个多月，目前已耗尽实力，用军事术语来说，就是"不适合执行后续进攻"。

匈牙利平原的激战也给第3山地师造成严重影响，数百名战友阵亡、负伤、失踪。经验丰富的军官、资深猎兵、一个个武器支援组持续不断的损失特别让人痛心。以往多次交战期间，战斗的重负落在他们肩头，他们孤身奋战，学会了如何应对危急局面。从国内派来的补充兵，仅仅在数量上填补了师里的空缺，短暂的训练根本不足以抵御久经战火考验的对手。他们别说适应前线，就连如何生存都得学上好一阵子，我当初在尼科波尔就是这样。补充兵到达后立即投入战斗，苦涩的结局是，他们的名字上了家里的讣告。

我睁开眼睛，发觉自己置身可怕的黑暗中。此处散发着霉菌和碘酒的气味。我平躺在硬邦邦的垫子上，双瞳扩大，好吸收更多光线，右侧的黑暗中出现了一丝淡黄色微光。我稍稍转头望去，颈部立即传来灼痛感。可那里确实有东西，是一块拉开的亚麻布，沾满大片深色斑块。

在苍白的烛光下，我看见亚麻布后面人影晃动，似乎很有节奏地做着某件事情。他们手里拿的东西，看上去像是弓锯，我听到某种刺耳的声音，知道是锯子锯开肉体的声响，我当初在家里的农场多次听过这种声音，那时候，父亲熟练地把宰好的猪分成小块。可眼下，这种声音令我毛骨悚然，身上的鸡皮疙瘩像野火那样蔓延开来。

但左侧身子毫无知觉，我伸手试探，从臀部摸到大腿，心跳得越来越快。我感觉到粗糙的亚麻布紧紧裹着我的腿，用金属夹子固定。我没再进一步试探，腹肌完全不听使唤。天哪，我的腿没了？越来越激烈的情绪震颤着我的心肺，仿佛要在内心的绝望下爆裂开来。才19岁就残废了？以后怎么办？我的胸膛剧烈起伏，情绪越来越激动，很快要演变成精神上混乱的生死角逐。最后我闭上双眼，再次失去知觉。

当时是午饭前后，几个英勇的猎兵营顽强攻往尼赖吉哈佐郊区，与红军近卫兵的近战愈演愈烈。我方炮兵以精准火力打击敌人暴露的反坦克炮。德军黑豹坦克和搭乘装甲运兵车的掷弹兵，已经从西郊攻往市中心。他们迅速穿过各条街道，把敌人分割成一个个小群体。尾随其后的步兵夺得一栋栋房屋，粉碎了对方最后的抵抗。

设在大卡洛村南面的红军指挥所，收到辖内几个师越来越绝望的报告。指挥作战的红军将领做出准确判断，态势已然无望，于是下令朝东南方突围。另外，他还以最后一批炮弹支援突围行动。所以，我背着装满弹链的山地背包赶回机枪阵地时，听见敌军火炮的第一轮轰鸣。炮声似乎是从好几千米外传来的。

喀秋莎把致命的火箭弹射入空中。没过半分钟，首轮打击落在教堂庭院，几十枚火箭弹几乎同时在坚硬的鹅卵石路面上炸开。弹片纷飞，无情地袭向朝弹药车跑去的猎兵。卡车上忙着分发弹药的士兵，从后车厢一头跌落，负了致命伤。跑过教堂广场的两名信号兵，消失在一大团烈焰和钢铁中。弹药车旁边的战友非死即伤。

火箭弹还在附近炸开，剧烈的冲击波把我掀入半空，狠狠撞上教堂的墙壁。从脚踝到臀部，弹片撕碎了我湿漉漉的军裤和里面的秋裤，还有块指甲大小的金属弹片钻入左腿。

硝烟稍稍散去，一小群猎兵跑了过来，为前方压力重重的战友取弹药。教堂的庭院此时已沦为墓地，他们无法救助倒下的士兵，忙着把散落在四周的弹药收集起来。有个勇敢的匈牙利人透过地下室的窗户看见这场灾难,赶紧跑出来救我。他用强壮的肩膀背起我虚弱无力的身子,赶往最近的急救站。

这里有条宽宽的地下室楼梯,通向空荡荡的酒窖。拱形的地下室,部分空间已改成临时病床。灰泥从潮湿的墙壁上剥落,整个窖顶满是黑色的霉菌。远处的角落,是临时搭设的手术室,拉了块亚麻布,与地下室其他地方草草隔开。手术室里的资深军医和三个护理人员,想尽一切办法抢救重伤员。手术、清理、缝合,彻夜忙碌。有些伤员的四肢伤得很重,不得不用骨锯锯掉。截下的肢体丢入锡制浴缸,里面的鲜血和冰冷的肉块发出阵阵臭气。

轻重伤有条不紊地分开。由于我的伤口出血严重,医护人员很快注意到我。我躺在先前做完手术的那些猎兵的血泊中,医护人员匆匆在我膝盖上方扎上止血带,终于止住了从十几处伤口汩汩涌出的血流。待军医确定我的伤势没有性命之虞,就吩咐医护人员把我放在旧门板上。

一名医护人员跪在我身旁,借助野战提灯的刺眼光芒,从我的皮肤里取出弹片和衣物碎片。他肯定很有经验,以德国人的严谨缜密彻底清理了每一处伤口并消了毒。他用镊子夹出我腿上所有异物,抹在他血迹斑斑的围裙上。随后给我的伤口缝了几针,用厚厚的布绷带裹好我的腿,打了破伤风疫苗,还给我盖上暖和的毛毯。整个治疗过程,我一直昏迷不醒,这倒让医护人员得以安心工作。不管怎么说,尽管我遭遇不测,可还是挺幸运的。

第二天,我在挤满伤员的酒窖里醒了,周围的战友默默忍受着疼痛。那位军医坐在木椅上,安详的睡容让这片屠宰场显得有点怪异。楼梯传来沉重的脚步声,表明又有麻烦事了。果不其然,两名士兵抬来个重伤员。身负重伤的年轻小伙看上去不到18岁。军医立即站起身,抹掉眼中的睡意，戴好眼镜。他朝来人打了个手势，指指挂着脏兮兮亚麻布的方向，随后投入工作。

我不记得自己在潮湿、臭烘烘的地下室里待了多久，可这里的场景深深蚀刻在我的记忆里。余生的深刻反思，这些触目惊心的可悲画面一次次出现在噩梦中。一条条截下的残肢断臂随随便便地丢在锡制浴缸里，冰凉的肉体散发的臭气令人终生难忘。还有什么更糟糕的呢？这里简直就是人间炼狱，是着手创造新天堂的那个人一手造成的，无论出于何种政治动机，结果没什么不同。

不知道什么时候，他们用担架把我抬了出去。雨水滴在我脸上，天气依然恶劣，气温稍稍超过零摄氏度，降雨没完没了。我贪婪地呼吸新鲜的冬季空气，竭力祛除地窖里的霉味。他们随后把我们塞入救护车，送往饱受战火摧残的火车站。那里只有一列火车，车头腾起阵阵蒸汽。

他们把我们这些伤员抬入几节空车厢。一如既往，我疑心陡起，觉得车厢外没有任何红十字标志，不由得暗自心焦，但愿整个行程期间一直有云层遮蔽。否则，我们会沦为红军战斗机的盘中餐。脑震荡还没痊愈，我的脑袋仍有点晕乎乎的。左腿裹着厚厚的绷带，几乎动弹不了，但我觉察到身体的自我恢复能力不断加强。没发出任何信号，火车就开动了。是要回国吗？但愿如此，可惜没人能说出个所以然。

行驶了不到3个小时，火车突然停了下来。车厢门开了，我瞅见站台上用很大的字体写着"米什科尔茨"，怎么看也不像国内城镇的名字。

"到站了，同志们，就是这里！火车马上要搭载重武器返回尼赖吉哈佐。我们只是撤到了蒂萨河后方。"

战地宪兵这番话显然没人爱听，尽管有所克制，可车厢里还是响起对战争和当局的咒骂。有个腰部以下瘫痪的山地猎兵提到希特勒的名字，把他跟疯狂的暴君尼禄相提并论。我们对最高领导层的信念彻底动摇了。到目前为止，他们带给我们的仅仅是灾难和痛苦。宪兵当然听到了这些大不敬的话，可他又能怎样呢？送我们去惩戒营？向上级军官打小报告？尽管德国安保部门当时的各种措施很严厉，可他们有更紧要的事情要做，根本没空纠正一小群伤兵的不当言论。

我们终于住进真正的医院。病床上铺着洁白的床单，还有柔软的羽毛枕，简直就是天堂。平静、舒适的住处不仅治疗了身体，也抚慰了我们的心灵。德国护士忙着照料刚刚逃离死神魔爪的士兵。我们的绷带每天都换，每天都能吃到热饭菜。在此期间我又做了检查，X光片表明，我身上还有块一厘米大小的弹片，就在踝关节下方，奇怪的是，那里一点也不疼。几名医生一致决定，用不着再做也许会很麻烦的手术。值班医生随口说了句："弹片说不定哪天会钻出来，没必要大惊小怪。"

同其他战友相比，我确实幸运地逃过一劫。他们有的截肢，有的双目失明，还有的面部严重变形，医院里到处能见到面目全非的伤员。还有些重伤员完全靠他人照料。日常的身体护理，我也得靠护士帮忙。我仰卧或稍稍侧身，一名20岁的女护士帮我擦掉身上的污垢。没过一会儿，桶里的水就结了层厚厚的泥垢泡沫。

她动作娴熟，用毛巾擦拭我的后背、胳膊、两腿间，擦到绷带包扎的部位，她的动作才变得谨慎小心。我尴尬不已。我以前接触异性，还是在学校或村里的聚餐上，仅限于偷偷交换眼神。虽然我对隔壁农民的女儿很有好感，可我从没亲吻过姑娘。战争终结了那些旖旎的美梦。医院的女护士一直辛勤、无私地照料我们。她们唱歌，陪我们打牌，竭力让伤员摆脱战争阴影，她们大多也有父亲、丈夫、兄弟在遥远的前线为家人的安危而战。

医护人员过来，的确让我们开心不已，但跟其他伤员待在一起的时候，我们无所事事。躺在我旁边的是个装甲兵，老家在东普鲁士。在匈牙利平原的战斗中，他腹部负了重伤。他刚要跳离燃烧的战车，几块弹片击中他，不幸中的万幸是，弹片仅仅削掉他的睾丸。他上次休探亲假，刚刚迎娶了未婚妻，可现在不得不面对严酷的现实：他再也无法生儿育女了。其他人聊天时，他总是沉默不语。

睡在另一侧的战友也好不到哪里去，脸肿得像个鼓鼓的气球。子弹射穿他双颊，撕碎了他的舌头。此时他根本没法说话，只能发出响亮的叫喊。利用这段时间，我把自己记得的事情记在袖珍日记本里，还给家里写了封长信，最后用近乎自我安慰的话平静地总结道："除此之外，我的情况还不错，过不了多久，我们肯定能重逢。"

没过多久，米什科尔茨显然也不安全了。德国第8集团军筋疲力尽的残部，遭到红军几个先遣师迅猛追击，11月初撤到蒂萨河后方。德军部队已经穿过比克山东部边缘的工业城市，第3山地师两个山地猎兵团在靠近该城入口处坚守阵地。到11月中旬，敌人不下6个步兵师、1个骑兵师、2个机械化旅朝他们攻来。对方至少占有七比一的兵力优势！至于火炮、坦克、飞机的对比，就对德军更加不利了。毫无疑问，再也谈不上什么转机，所谓战斗，不过是绝望地拖延不断逼近的失败罢了。

医院终于接到疏散令。可这里严重缺乏装备，车辆运输空间有限。持续不停的降雨浸透了路面，各条道路挤满匈牙利难民，一辆辆卡车不得不苦苦挣扎。换句话说，路况糟透了，行速缓慢。红军在几处截断了通往布达佩斯的铁路线，所以无法把伤员转移到那里。通往北面的铁路线也是如此，那条铁路线进入斯洛伐克境内，我们原先以为，斯洛伐克人是德意志帝国的盟友。可1944年9月—10月爆发了斯洛伐克民族起义，游击队在那片地区活动得越来越频繁。他们夜间发起袭击，炸毁桥梁、铁路、电线杆，甚至占领德军哨所。前方、后方、左侧、右侧，宛如世界末日的大规模冲突在各处爆发开来。

不管怎么说，医院渐渐空了。重伤员怀着沉重的心情疏散到其他地方，剩下的都是不需要特殊照料，很快就能康复的轻伤员，我也在其中。某天，有个身着黑色皮大衣、吃得很好的军官来到医院，挺着圆鼓鼓的肚子，皮大衣的纽扣绷得紧紧的。我觉得他在这片穷乡僻壤肯定过得不错。他身后跟着几个肩挎冲锋枪的宪兵。我的心一沉，怀疑坏消息要来了，因为我早就听说过这方面的传闻。这些宪兵都是志愿参军的，我们把他们叫作"专抓前线英雄的家伙"。

红军发动进攻战役，德国军队损失惨重，不得不四处寻觅人手。后勤单位、补给部门、战地医院成了搜查重点。这名军官背着双手，大步跨过一排排病床，看中某人，就让主治医生说明他的伤情。军官简短评估一番，给身后的中士下达指示，大拍马屁的中士很卖力，积极地把他的话记在笔记本上。他越走越近，一道道指示听得清清楚楚。

"哦，轻伤，那么……下午去A应急连报到。脚伤？没关系，那是摩托化部队。训练有素的无线电报务员？我们需要他！可以把他分配到我的指挥部……"

肥头大耳的蠢货就这样逐一检查伤员，嘴里吐出傲慢的豪言壮语，根本不理会主治医生的反对意见。不管怎么说，一切关乎东线殊死决战的最终胜利，哪怕是医院，也有足够的人手为此做出贡献。有件事我很清楚：我可不想去应急连或临时拼凑的战斗群送命。即便以东线战事的标准看，在那些部队活下去的可能性也远低于零。我腿上的绷带换成石膏夹，前几天已经稍稍能行走了。我对自己的命运不再抱有幻想，决定利用眼下的局面，主动发起进攻。所以没等胖子走近我的病床，我就问道：

"中校先生，见到您真是太好了，长官！我一直想回自己的部队，最近几天我还在琢磨该怎么办。我的团就在城外，您能帮帮我吗？求您了！"

我的厚颜无耻把他搞糊涂了，他扬起眉毛看着医生，医生只是耸耸肩，摊开双手。

"哪个团？"

"第138山地猎兵团，长官！"

"好吧，那就开个出院许可证，最迟傍晚前归队。"他转身对宪兵说道，"记下他的名字、军衔、部队，今天上午就从他的军士长那里要份报告。"

我的住院生活就这样戛然而止，开始、结束得都很突然。不管怎么说，回家休养是不可能的，好歹我能回原先的机枪组了。自我负伤以来，已经快过去三个半星期了，短暂的休养让我的身心大有好转。体重恢复了，睡眠时间也很充足。这是战争最后一幕上演前，最后的喘息之机。打现在起，死亡的螺旋会越转越快，粉碎、吞噬众人。说实话，我几乎没有活着摆脱困境的希望，可我现在至少学会了如何死得其所。

我搭乘小型半履带摩托车返回前线。这种车辆通常用于前线运送补给。没过4个小时，我就回到自己的部队。部队驻地离前线近在咫尺。连部人员见我到来，显得如释重负，早在罗马尼亚我就认识连部值日中士。拜我们糟糕的上报体系所赐，自大卡洛村交战以来，他们一直以为我失踪了。

我从连队仓库得到新军裤、行军装备、半自动卡宾枪。但我发现卡宾枪上仍沾有前一个使用者的血迹，不由得打了个寒战，赶紧用伪装服的护肘抹掉血迹。随后跟其他人一同排队领取口粮，午夜前，我终于见到原先的战友。

阿尔萨斯人什么也没说，只是紧紧搂着我的脖子。我突然忘掉了依然疼痛的左腿，以及发霉的地下室留给我的可怕印象，真奇怪。没有什么地方比跟这帮伙计待在一起更让我感到自在。我对这里的一切似乎熟稔无比。虽说两三张新面孔替代了阵亡的战友，但只要经历几个战斗日，他们就会成为我的朋友，甚至比战前结识的任何朋友更亲密。

我们在阵地上就待了几天。雨雪交加，到处是深及脚踝的积水，早上有时候会覆盖一层薄冰。我们冻得瑟瑟发抖，还不能生火取暖，因为苏联人离我们咫尺之遥。最要命的是，狙击手又活跃起来。

各处都在混乱后撤，我们终于接到出发令。米什科尔茨守不住了，红军在前线好几个地段取得突破，我们再次动身。夜间清理堑壕时，敌人的大喇叭响了，对我们展开宣传攻势：

"德国士兵，投降吧！你们在为失败的事业而战……"

没错，我们知道。可投降，付出那么多牺牲后让我们投降？

"德国士兵，向红军投降吧，我们会善待你们！"

第3山地师顺利摆脱敌人，在斯洛伐克矿山高处构造了大致绵亘的防线。我们再次进入多山、遍布密林的地带，这里的地形显然更适合山地部队。没人怀念匈牙利低地，那里带给我们的仅仅是不幸。在争夺尼赖吉哈佐和米什科尔茨的艰巨战斗中，我们遭受了严重损失，再也无法填补防线上的缺口。严酷的冬季，我们的日子不好过，可敌人要想变更进军路线实施迂回也很困难。持续不停的防御作战一直拖到1945年年初。

我和战友经常遇到麻烦。倒霉的是，我的左腿还没痊愈，艰难的行军更是让我苦不堪言。长长的伤口裂开了，有点发炎。就连我们的中士也觉得，靠一瘸一拐的士兵是打不赢战争的。他立马把我调到连直属班，安排了轻活儿，让我彻底康复再说。

就这样，我得到一匹驮马和一辆小车。我打小就擅长跟动物打交道，于是在双轴马车上铺好座位，坐在上面驾驭马匹。我给它起了个"内斯塔二世"的名字，纪念父亲那匹忠实的挽马。短短几天，我俩就成了形影不离的伙伴。"内斯塔二世"不知疲倦地跋涉，甚至能克服最陡峭的山坡。不用说，每次完成运送补给的任务，我都先解开缰绳，把它喂饱才去休息。

　　尽管条件恶劣，但人与动物的相互扶持会建立起信任关系。有一次，我差点失去它。当时我在主防线后方执行运送补给的任务，突如其来的尖啸吓了我一跳。是喀秋莎火箭炮的齐射，这种声音我太熟悉了！我赶紧跳入马厩，趴在角落处。就在这一瞬间，火箭弹击中周围的房屋，弹片嘶嘶作响地穿过木制马厩，钻入对面的泥墙。这场炮击来得突然，结束得也很快。

　　当然，我首先想到我的马儿。我走出马厩，发现马车翻倒在地，看来没指望了。我很难过，心里空落落的，转身朝连部走去，刚走了几百米，突然听见响亮的嘶鸣。"内斯塔二世"惊慌奔逃时，缰绳缠在灌木丛里，太神奇了！它瑟瑟发抖地站在那里，无疑和我一样，为再次跟伙伴团聚开心不已。

　　运送补给的工作让我接触到其他分队，得知了好多一手消息。这段日子的主要问题是游击队持续不断的威胁。上面甚至有人把游击队称为"害虫"，他们活动得越来越频繁。德军安保部队以残酷的手段镇压斯洛伐克民族起义，毫不夸张地说，当地居民一点也不顺从。这也难怪，因为德军多次不分青红皂白地开枪打死好多人，还对平民百姓干出恶劣的暴行。例如，执行安保任务的部队，有一支党卫队"迪勒万格"特遣队——以党卫队将领奥斯卡·迪勒万格的名字命名。特遣队成员主要是集中营和看守所的囚犯，他们先是在白俄罗斯执行反游击作战，后来又积极镇压华沙起义，可谓臭名昭著。

20世纪30年代，迪勒万格本人因强奸未成年人蹲了大狱，后来凭他跟纳粹高官的关系获得赦免。"迪勒万格"特遣队和另一些部队残酷镇压斯洛伐克民族起义，施虐狂般的手段造成的后果，完全不符合前线将士的利益，我们希望安抚腹地，这样才能确保部队获得补给。游击与反游击战打破了一切战争规则，第3山地师尝到由此造成的苦果。

当地居民对每个德国人都抱有深深的愤怒和仇恨。我从他们的眼里能看出这种情绪。无论男女老少，每个人似乎都在密谋对付我们。跟匈牙利人不同，我们从没指望得到斯洛伐克人支持。积雪覆盖的这片地区，就连住处也得以武力夺取。从普通士兵到部队指挥官，人人都清楚，当地人会以暗杀的方式展开报复。可我们没法防范。结果，平安夜前一天，我们在补给线尽头一头闯入伏击圈。

头几枪不知道是从哪里射来的，立即给我们造成伤亡。此处的地形让人难辨东西，一条狭窄的环形山谷路，两侧仁立着陡峭的山坡，放眼望去，除了积雪和森林看不到其他东西。于是我拼命调转马车，躲到下一个拐弯处后面。

随行的猎兵班跳入沟渠开枪还击，掩护队伍里其他人就位。这场战斗毫无希望。惊惧交加的士兵转身奔逃，一群无主的马匹紧随其后，惊慌疾驰期间，马背上驮的物资要么撒得到处都是，要么就是胡乱地挂在两侧。

我刚想跨过道路，"内斯塔二世"身侧挨了重重一击，我忠实的伙伴像块石头那样跌倒在地，再也动弹不得。机枪火力射穿了马车薄薄的木板，我没再犹豫，一头跳入旁边的沟渠。

我紧紧趴在地上，爬了差不多50米才到达救命的拐弯处，在这里跟几个战战兢兢的士兵，眼睁睁地瞅着猎兵班势头越来越弱的战斗。混乱逃窜时，几乎没人带上自己的武器。手榴弹在旁边炸开，谁都没时间停下，每个人都朝我们来的方向逃去。

我们在某处遇到个猎兵连，他们即将发起反冲击。我认识他们连长，先前跟他一同执行过运送补给的任务。

这群猎兵甚至没瞅我们一眼，径直冲上遍布密林的山坡，迅速解救了活着的战友。战斗声停息了。于是我加入路上犹豫不决的猎兵，跟随他们向前冲去。

可惜为时已晚，整支补给队被游击队消灭殆尽。马匹尸体倒在阵亡的德国士兵身旁，一辆辆马车有的损毁，有的仍在燃烧。我那辆大车位于队伍末端，密集的弹雨只给它造成轻微损坏，这份慰藉聊胜于无。游击队干得很棒！没等猎兵连先遣力量逼近，他们就悄无声息地消失在茫茫雪地。

"内斯塔二世"仍躺在冰冷潮湿的雪泥里，就在它中弹倒下的地方。鲜血从它嘴里汩汩流出，内脏撕裂的剧痛让它浑身颤抖。可怕的这一幕让我难过不已，在我看来，"内斯塔二世"跟战友没什么区别。我实在不忍看这匹忠诚的马儿遭这么大的罪，于是从马车上取来半自动卡宾枪，朝它额骨开了一枪。它吐出最后一口气，终于安息了。我跪在这位四条腿的战友身旁，合上它的眼睛，这是人类同伴能为它做的最后一件事。

"那里，还有人活着！动作快点，担架！在那里！"新任务迅速驱散了我的悲痛之情，但这份痛苦深深埋藏在我内心深处，此时只想迅速展开报复。游击队这场袭击还有个附带后果，我离家后开始的缓慢成长过程结束了，现在彻底沉浸在厮杀中，整个心态完全适应了战争。虽说事后看来可能有点无耻，可我当时确实认为，从此刻起再无和平可言，不是你死就是我亡。我和我那些仍在拼杀的战友都觉得末日临近。我们当时聊天，没人能彻底摈弃那些痛苦的经历，太多了，数也数不清。我们的道德品质变得越来越野蛮，无法阻挡！

新年到来前，我又遇到校友托尼。继续后撤期间，两个山地猎兵团碰巧相遇，这次是在一个大岔路口。我们上回见面，是在乌克兰境内的后撤途中，他当时露出顽皮的笑容，是我当初在学校里就很熟悉的表情。待我们穿上军装，年轻人那股朝气荡然无存了。1944年12月，仅仅过了一年，他的笑容不见了，看上去至少老了十岁，那双淡蓝色的眼睛深深陷入眼窝，黑眼圈很重，胸前仍挂着狙击步枪。

我俩干巴巴地聊了几句。我跟他说起两个月前负伤的事，还谈到游击队的伏击。可他几乎没听我在说什么，而是反复念叨，要对苏联人以牙还牙以眼还眼。他的精神负担似乎很重，我是凭直觉发现的，没多问。我俩简短握手，他竭力挤出个懊恼的笑容，重新加入缓慢前行的队伍。我默默看着他离开，陷入了深思，随后拽住一个路过的猎兵，把他拉出队伍。

"跟我说说，托尼究竟怎么回事？"

"哦，他啊，自打米什科尔茨那时起，他就彻底垮了。死了个匈牙利小姑娘，他觉得良心上过不去。有个苏联人，是个狙击手，一直想干掉托尼，结果击中那个小姑娘，正中头部。她当时想把一罐牛奶给托尼。他现在根本不睡觉，四处寻觅猎杀目标。四个星期他外出侦察了三次，没人愿意再跟他出去。我得走了。"

"好吧，谢谢您。"

素不相识的这名士兵说的事情令我深受触动。这件事至少是可信的，解开了我心里的疑窦。每个前线士兵都背着精神负担，有轻有重，包括许多从来不对外人倾诉的心事。例如，你可能会把某个战友的阵亡归咎于自己，在混乱的战斗中，这种事经常发生，可你就是过不了良心的坎儿。又好比你在血腥的厮杀中彻底失控，干出种种暴行，痛苦的回忆始终挥之不去。这种事没人能幸免，没人能摆脱此类精神负担，就连最顽强的军人也做不到。"内斯塔二世"牺牲后，我立即返回原先的猎兵排。那帮战友的情绪本来就很低落，现在更加低沉了。在此期间，阿尔萨斯人的老家沦为战区，他最后一次写信给家人，却没有回音，不由得忧心忡忡。

但战争的长臂，给我们的中士造成更大伤害。某天，后方寄来的信件分发后，他瘫倒在地。发生在他身上的事情，就连最坚强的猎兵也受不了。1944年11月1日，格拉茨市中心遭到毁灭性空袭，他妻子和三个幼儿在防空洞里窒息身亡。这场飞来横祸难以言表。就在几周前，为逃离不断逼近的红军，他们一家人刚刚离开匈牙利边境，搬到格拉茨的亲戚家暂住。一名老资格猎兵不得不接替中士率领全排。中士痛苦不已，一连几天无法自拔。他朝走来的战地牧师吼道：

"我的家人需要您的上帝时，他在哪里？我现在再也不需要他了！"

经历一场大规模交战后，中士重新接掌全排。可他似乎期盼最后一颗子弹袭来，对死亡有种诡异的渴望。奇怪的是，无论他如何一心求死，死神总是对他敬而远之，就好像他不愿接受的上帝还不想让他送命似的，说不定上帝还给他安排了另一项任务。

圣诞节没能振作我们低落的情绪。相反，12月24日那天，密集的扰乱火力彻夜未停。12月25日，我们派出侦察队，可他们刚出发就伤亡惨重，整个行动不得不就地取消。12月26日，苏联人突然攻入我们的友邻阵地，不仅俘虏了两个德国兵，还把阵地上其他人杀个精光。这一切与第一次世界大战期间，圣诞前线的浪漫报道截然不同。对那些美化战争的宣传，我只能嗤之以鼻。平安夜，某个聪明的前线士兵，变魔术似的拿出一棵临时装饰的圣诞树？家里最后一刻送到的节日礼包？安全的避弹所里，压低声音但依然快乐的"平安夜"歌声？1944年战时圣诞节枯燥的现实，跟这个象征爱、和平、团聚的节日差了十万八千里。

新年没带来新气象。迎候我们的是猛烈的炮火，显然不是德军发射的，因为我们的弹药眼下少得可怜，炮火从对面袭来。苏联人一大早发动进攻，他们目前盘踞在我们团身后一座居高临下的山脊上。我们这个机枪排只剩二十来人，奉命参加反冲击，上级没交代更多情况。几个猎兵连兵力所剩无几，不得不以营部乃至团部人员组成大小不一的支援群，加入各连队补充兵力。我认出先前短暂执行轻勤务期间结识的几个人。

支援武器主要是机枪和榴弹发射器，只能配备最少的人员，好让步兵多点兵力。我们编成两个突击群，每组80人，我加入其中一个。进攻时间定于中午，这是因为几股预备力量散得很开，穿越白雪皑皑的冬季小径到达预定位置需要时间。我那个突击群负责正面冲击，另一个突击群对付敌人右翼。

我们上午10点左右进入阵地，等待进攻发起。我们紧张地等了几个小时，进攻信号终于下达了。几名军官和军士攥着拳头朝空中连伸三次。众人拖着冻僵的四肢爬起来，钻出灌木丛。恐惧感驱使我们跑下小坡，朝前方的山坡冲了200米。对面没开一枪，只有我们的机枪和榴弹发射器打破沉寂。

我气喘吁吁，竭力跟上中士，他几乎已冲到坡顶，而其他猎兵仍在穿越洼地。一枚手榴弹突然炸响，随后传来冲锋枪齐射的嘶吼声，苏联人居高临下！没等敌人集中，我已冲到山顶，猛然跳入左侧战壕，抡起枪托砸倒个踉踉跄跄的红军士兵。我们冲向一座半完工的掩体，里面的炉子仍在燃烧，掩体内一股酒气。毗邻的森林边缘传来响亮的呐喊，我知道侧翼突击群正发起猛烈冲击。

此次突袭大获全胜，但我们事后发现，这场胜利跟德军官兵的战斗技能无关，而是苏联人毫无抵抗造成的。先前的胜利让他们志得意满，新年到来，一个个猛灌伏特加。莽莽撞撞冲向德军侧翼突击群的红军士兵，就没几个是清醒的。有些苏联人酩酊大醉，战斗期间一直躺在附近几座小屋的草袋上，我们上前狠踹了几脚，才让他们恢复意识。

赢得这场反冲击让我们松了口气。只有几名猎兵负轻伤，我们缴获了大批战利品，还俘虏了100名敌军士兵。这是我在战争期间经历的最后一场胜利，好歹规模还算可以。当晚，我们排再次开拔，奉命去另一处执行防御任务。我抓紧每次换岗前的短暂时刻睡上一会儿，但可怕的梦境始终挥之不去，每次有战友拍拍我肩膀，让我去上岗时，我都会跳起身。

第二天我们得知，敌人实施猛烈的炮火准备后，又攻占了那座山丘。没过多久，我们再次集中兵力解决问题。但这次没有突然性了，而且敌人也很清醒，我们不得不接受现实，无论遇到什么情况都得继续前进。刚冲入山谷，我们就遭到猛烈的火力打击，机枪子弹击中我左侧的战友。

首批伤亡宣布突袭失败，我们只好散开，各自向前跃进。阿尔萨斯人把机枪架在洼地，不停地朝敌人闪烁的枪口射击。快到达第一片房屋前，我们遭遇猛烈的火力，几乎无法前进一步。一团团火球嗖嗖作响地从我头上掠过，根本没法起身，这种情况激发了自我保护的本能，再向前跃进，很可能是这辈子的最后一次。我朝左右看看，发觉没几个战友跟上。我尽力贴紧遍布积雪的地面。眼下这种状况，既无法冲向前方，也不可能撤回后方。热血直贯头顶，恐慌感很快消失了，取而代之的是迟钝的冷漠感。

第二个突击群终于发起救援冲击，给我们提供了支援。他们冲入苏联人的阵地，经过艰巨战斗才击退敌人。此次行动的结果令人震惊。和我一同进攻的战友，近半数非死即伤，呼叫医护兵的喊声在战场上回荡。长长的血泊让白雪皑皑的山坡呈现出可怕的景象。有些伤员在战友的搀扶下，步履蹒跚地返回出发阵地。所幸阿尔萨斯人和中士毫发无损。我们赢了，可代价是什么？

几天后，我们向北穿过日利纳镇，不得不放弃这座毫不重要的山丘。另外，德国国防军的高级战略家，仅仅把斯洛伐克及其后方的捷克腹地视为次要战区。主战场在其他地方，确切地说，在西线的阿登山区，德国军队此时在那里对美军发起最后一场大规模攻势，而维斯瓦河以东地区，苏联红军已经把一切夷为平地。布达佩斯自圣诞节那天起就陷入重围。巴尔干地区彻底沦陷。盟军在意大利再次发动攻势，企图突破阿尔卑斯山脉。

简而言之，各处的形势都很危急。军事转折点？再也没希望了！敌人的实力强大得前所未见。我们不断后撤，越靠近德国本土，抵抗得越激烈。在血腥的战斗中，我们的损失不断上升。营缩编成连，连缩编成排。穿过瓦赫盆地艰难后撤期间，国防军最高统帅部的态势图上，仅把第3山地师列为战斗群。和几个友邻师一样，第3山地师只剩一具空壳。尽管实力严重下降，尽管缺乏重武器，尽管劣质弹壳导致我们的机枪频频卡壳，但在上塔拉特山和贝斯基德山，第3山地师仍能坚守一段时间。不管怎么说，无数伤口让德国国防军血流不止。

3月底，我们碰巧路过一所即将关闭的战地邮局。趁此机会，我草草写了封信，跟袖珍日记本一同塞入信封，寄给父母。要是难逃厄运的话，我好歹留下点东西，除了前线经历的笔记，还有几个亲密战友的名字，以及我对家人说的几句体己话。在东线中段苦战的19岁机枪手，还能指望什么呢？每个人都清楚，末日即将到来，战败不可避免，仅仅是时间问题而已。队伍里再也没人谈论最终胜利了。事实证明，大肆吹嘘的神奇武器完全是宣传人员的空话。在此期间，就连狂热的纳粹党支持者也沉默不语了。

尽管如此，很明显，我们得一同喝下匮乏和死亡这杯苦酒，直到最后时刻到来。这份心照不宣、血脉相连的契约，是我们在战争熔炉中锻造的，即便走到战败边缘，我们依然承认它，也会忠实履行。

当天晚上，第3山地师最后一次大举向西退却。集团军群下达了命令，第49山地军和第3山地师突然停下脚步，转身返回，赶去保卫摩拉维亚的俄斯特拉发工业区。经历了尼科波尔和塞克勒齐普费尔的鏖战，这是我们师近两年来第三次占据东线最东端的阵地。这处阵地危险地暴露在外，很快会遭到敌人从南北两面而来的夹击。到4月底，布拉迪斯拉发、维也纳、布尔诺都已沦陷。红军坦克先遣力量攻往德累斯顿和布拉格。柏林爆发了最后的决战。普通士兵当然不知道，但德军最高统帅部非常清楚，此时撤军已然为时过晚。

中士脸色阴沉，垂着头走到集合的全排士兵面前。我们在弗里德克附近的小森林里排成半圆形。全排可能还有三四个机枪组和几名步兵。中士语气单调地谈到他刚刚接掌全连，还通报了整个战争态势的最新情况。我仍记得他说的几个词，诸如"即将陷入包围""奥洛莫乌茨与布尔诺之间的缺口""后卫任务"等。说到"后卫任务"，他突然抬起头，说他打算亲自执行这项任务，只带两名志愿者组成机枪组。其他人跟随连队尽快向西转移。我突然觉得胃部一阵不适，这种感觉通常在计划破灭的情况下出现：你想加快脚步，可心里知道最后一班火车早已驶离。

"谁自愿报名？"

全排士兵都举起手，几乎是本能的动作。我和阿尔萨斯人也举手报名，事先甚至没交流眼神。

"有妻儿的不要，新兵不要，"中士顿了顿又说道："就卡尔和韦伯吧，你俩做好准备，其他人向霍勒雷尔中士报到。"

最后几天要做的事情显而易见。这绝对是自杀式任务，我完全知道这一点。故乡近在咫尺，也许就在200千米外，这种念头令我心情沉重。我们至少靠近边境了，有传言说苏联人已经占领那里。一如既往，队伍出发的喧嚣祛除了这些杂念。

我们又拿了些弹药和口粮，三人小队走进树林。中士走在几步开外，身后是扛着机枪的阿尔萨斯人，我背着三脚架跟在他们后面。这是个策略：万一遭遇敌人或捷克游击队，对方肯定会逮住最前面的人，后面的人，也就是阿尔萨斯人和我，就能收到警报，设法对付敌人或逃离。不管怎么说，我们实力太弱，就三个人，没办法展开激烈战斗。

黄昏前，我们仨在某个无名路口紧挨着，坚守所谓的掩护阵地，好让战友不受干扰地后撤。整个夜间，我听见引擎的轰鸣和马匹的嘶鸣。一支支严重超载的纵队匆匆后撤，此时只有一个念头：无论如何，千万别落入苏联人手里！各种声响渐渐消失在远处，拂晓前后，此处已陷入死一般的沉寂，是时候收拾行装溜往西面了。一路上，我们尽可能避开各条小径，就这样不停跋涉了好几天。有时候我们能遇到己方部队，有时候好长时间见不到一个人。我们的精神负担很大，不时冒出留下来不走的念头。奇怪的是，敌人似乎并不急于追击，也许他们觉得反正我们插翅难逃了。只有一次，一群捷克游击队员朝我们的机枪冲来，结果为冒失的举动付出了高昂的代价。

1945年5月5日，我作为后卫执行的最后一场任务倒霉透顶。事实一再证明，过于平静的前线不是件好事。我们在平缓的山丘上据守小农舍，抵御迎面而来的敌人。我和阿尔萨斯人把机枪架在阁楼上，为清除射界，我们还拆掉些木板瓦。没过多久，来了一个孤零零的摩托车传令兵，传达了简短的命令，告诉我们届时会有部分己方士兵从前方到来，让我们把他们护送到下一个十字路口。看来没必要过于谨慎。事后证明，我们犯了致命的错误。

我守在机枪旁值第一轮班，他俩在楼下休息。过了一阵子，我透过望远镜看见一群德国兵从前方400米左右的森林走了出来。我觉得没什么问题，尤其是因为摩托车传令兵已经打过招呼，所以我打算放这支100或150余人的队伍靠近。他们离我还有300余米，我突然听见"Dawai, dawai"（快点，快点）的喊声，赶紧端起望远镜再次观察，清楚地看见这群士兵穿着德军军大衣，头上戴着德制钢盔，钢盔独特的轮廓清晰可辨。可他们不断进出俄语单词和语句，毫无疑问，他们是身着德国军装的俄罗斯人。竟然玩这套骗人的把戏！

我赶紧发出警报。阿尔萨斯人仍有点昏昏沉沉，可他还是跪在机枪后，透过瞄准具查看情况，随即以长连发证实了我的观察。此时他根本不需要开火令，中士也迅速爬起身，透过厨房窗户开枪射击。我端着半自动卡宾枪，在裸露的椽子间开火，装出我们这里有不少人的假象。发射了大约半条弹链，机枪突然卡壳了。我的战友赶紧从三脚架上取下机枪，垂直地朝地上砸了几下，大多数情况下，此举能解决问题。可这次我们没交好运，木质枪托严重破损，底板和弹簧滑出枪托。完全可以确定，机枪无法使用了。

中士发觉机枪不再开火，立即命令我们撤离。我背起机枪枪架，朝敌人射出弹夹里最后几发子弹。此时，敌人已经用机枪火力扫射阁楼，促使我们加快动作。屋子后面是微微隆起的田野，尽头有一片森林，我们必须逃到那里。

我们跑到楼下，中士吩咐我们轮流冲出房门，他以火力掩护，最后再撤离。阿尔萨斯人冲出屋子，我刚要赶上，一阵密集的弹雨迫使我趴倒在地，只能匍匐向前。待我爬到田野中间回头望去，看见中士端着冲锋枪伫立在房门处，双腿紧贴门框，怒吼着朝敌人开火。

子弹噼里啪啦地击中我身边的地面，看来敌人离得很近。不幸中的万幸是，我终于爬到一条平坦的犁沟，离森林边缘不远，我再次回头张望。中士已跑出屋子，但子弹肯定击中了他。我看见他徒劳地想仰起上身，一再捂住腹部，脸上带着痛苦的神情，示意我继续奔逃。这个情景永远铭刻在我脑海里，就好像发生在昨天。我一直记得，他最后的举动是再次坐起来，朝敌人射出长长的连发。突然，他倒在地上，就这样牺牲了。迫击炮弹的呼啸越来越近，迫使我赶紧逃离。

我在森林边缘的沟壑里遇到阿尔萨斯人，跟他说了备受尊敬的中士的遭遇。自打尼科波尔那时候起，他救了我们十几次。他向来沉着镇定，即便在毫无希望的情况下也总是乐观开朗。家人罹难的悲剧发生后，他没有放弃身边这群小伙，而是以老师般的严格和父亲般的仁慈关心、照料我们。令人恼火的是，不幸总是降临在最优秀的人头上。那些无私的战士，无论是生是死，是胜是败，都塑造了纯粹的战友情谊和真正的军人风范。

我俩深感震惊，悲痛不已，可眼下不得不继续后撤。我受够了，受够了杀戮，也受够了死亡。从阿尔萨斯人的眼中，我看到了我也在扪心自问的问题。可怕的战争何时结束？隆隆炮声何时停息？军械库何时关闭？我们什么时候才能过上正常的日子，而不是匍匐、杀戮、破坏？

第九章
战败的痛苦

战争最后几天一片混乱，我和阿尔萨斯人现在唯一的念头是回家。经过漫长而又艰苦的跋涉，我们终于到达目的地。

我俩赶到奥洛莫乌茨，在这里遇到各部队残部。遗弃的火炮和半履带车随处可见。腾起的一团团烟雾证明，操作人员执行上级下达的命令，炸毁了这些技术装备。我们还得知柏林陷落、希特勒自杀身亡的消息。这场战争可谓人类史无前例的灾难，始作俑者最后却以怯懦的方式推卸了自己的责任。他一死了之，我们这些军人当初的效忠誓言随之解除。

德国国防军5月8日最终投降、盟国划定分界线的消息，犹如野火般传播开来。苏联人在下奥地利，美军位于上奥地利，英军占领了施蒂里亚，尽管如此，仍有传言称，德国军队正在东施蒂里亚边界与红军交战。德国中央集团军群仍被包围在中波西米亚深处，有近100万将士，包括第3山地师主力。每个人都想逃离落入苏联人手里的厄运，最好独自上路。所以，我俩分道扬镳的时候终于到了。阿尔萨斯人想赶往巴伐利亚，我决定去奥地利的西方盟军占领区。

于是，我俩面对面地站在杂草丛生的池塘旁，我的喉咙哽咽了，就好像这是场永别。阿尔萨斯人看着风中不停摇摆的芦苇，脸上带着悲伤的神情。我竭力寻找合适的措辞，想说几句配得上这番道别的话，可一个字也说不出。我们无数次同生共死，一次次轻蔑地无视死神，好不容易活了下来。这场战争在我俩之间缔造的战友情谊，到头来远比战争更重要。我一直觉得，能跟这样的战友并肩战斗无比荣幸。

"汉斯，你是不是该把那玩意儿扔了？你背得够久的了。"

我这才反应过来，我还背着机枪脚架。这么重的负担，我竟然习惯了，真是奇怪。我取下三脚架，把它丢入池塘。

"好吧，埃米尔，照顾好自己，谢谢你做的一切！"

几乎是同时，我俩搂住对方的肩膀，随后紧紧握手。

"汉斯，别忘了我总是对你说的话……继续前进……"

"我知道……至死方休！"

我们没再多说什么，沉默了好一会儿，随后转身，走进旁边的灌木丛，谁都没回头。

这一整天，我迈着坚定的步伐赶往西南方，起初跟随一支德军纵队行进，随后由于各条道路拥堵不堪，队伍难以前进，我孤身上路，跨过一片片田地和草甸。我在林地过夜，总是在灌木丛里找个不容易到达的地方睡觉，野生动物躲在这些地方也是出于同样的原因。要是敌人梳理树林，我从远处就能听见动静，看见扬起的尘埃，这样就来得及悄无声息地逃往相反方向。

第二天早上，我在途中遇到一辆停在路上的无线电通信车，天线仍呈星形挂在周围几棵树上。四下里见不到人，仔细观察一番后，我趑摸从车上找点有用的东西，还真让我找到张大幅地图，还有个指南针。以这两件东西判断，此处离奥地利边境100千米左右，当然这是直线距离。我继续翻寻通信车，在电台下方的抽屉里找到把上了膛的手枪，于是赶紧换下半自动卡宾枪。我想尽快返回家乡，所以只能携带最重要的必需品。

　　我绕过通信车继续跋涉，突然看见前方有三个手绑在身后的德国兵，顿时僵住了。他们仨都是脖子后面挨了一枪送命的，血迹还没干，凶手肯定就在附近。另外，有个受害者的嘴里塞了一枚铁十字勋章，这个场景令人不安，让我想起自己获得的那些勋章，以及当初经历的种种风险。我悄悄溜回灌木丛，当天剩下的时间一直埋头躲在里面。我毫不迟疑地摘掉军装上的近战勋饰、步兵突击章、二级铁十字勋章、黑色战伤勋章，埋入一棵粗壮的白桦树下。几枚勋章说不定今天还在那里。但我没舍得去掉山地军帽上的雪绒花金属徽标，它也许能像以往那样带给我好运呢。

　　从这一刻起，我不再对迅速回到家乡抱有幻想。相反，我决定只在黎明和黄昏时跋涉，尽量远离道路和村庄。这样，每天也许能走10千米—15千米。黄昏的时候，所有生物都会休息，我的视力不错，眼睛也适应了黑暗。就这样连续跋涉了好几天，直到某天晚上，我找不到其他地方，只好在杂草丛生的洞里过夜。

　　周围的地形似乎无遮无掩，由于前几天高度紧张，此时我筋疲力尽，不知不觉沉沉睡去。突然，我听见身后传来树枝断裂声，没等我弄明白怎么回事，一个苏联人跳入洞里。我赶紧掏手枪，却看见对方高高举起双手。我俩面面相觑，都被荒唐的场面搞得震惊不已，一时间不知所措。

　　这一刻似乎没完没了，最后还是苏联人打破了沉默，他低声嘟囔"Damoi, damoi"，意思可能是"家"。他显然不想伤害我，于是我指指我来的方向说道："Dam（那里）。"我俩相互点点头，就此道别。他随后消失了，跟来的时候一样突然。

　　我呆呆地看着他离去。他怎么没干掉我？不管怎么说，他本来可以轻而易举地干掉我，但很显然，他回家的渴望远远超过杀人的欲望。这一刻我意识到，我跟另一方的人抱有同样的愿景和希望。我也想回家，想得要命。战争在短时间内展现出人性，尽管从理论上说，这场战争已经结束了。但次日，我亲眼看见十几个遭追杀的德国兵像野兔那样逃过草地，最后倒在敌人的子弹下，顿时清醒过来：战争和随之而来、尚不稳定的和平，让人类最恶劣的品性暴露无遗。

从那时起，越来越开阔的地形，日益加剧的饥饿感，让我焦虑不已。我带的口粮早就吃完了，要想弄到食物，就得去有人居住的地方。我的身体很虚弱，无论风险多大，都得想想办法。俗话说，利令智昏，其实饿肚子的时候也是一样。从藏身的地方望去，我清楚地看见好多巡逻队在山上游荡，有的开着越野车，有的骑马，也有的步行。主干道旁边有一座孤零零的农场，我打算夜深人静的时候溜过去搞点吃的。

说到做到，我像猫那样朝院内一间木棚悄悄摸去，手里攥着手枪，随时准备开火。我一次次停下，仔细聆听动静，哪怕最细微的危险迹象也不放过，一直拖到深夜。我凑到木门旁，极为谨慎地移开沉重的木栓，悄无声息地推开门，朝里面的房间走去。幽灵般的月光洒向地面，我慌乱地搜寻土豆、萝卜或其他能吃的东西。突然传来强忍的喘息声，牛？不对，牛的气味闻起来不同。

有个家伙推开地上的翻板冒了出来，气冲冲地喊道："Cos se dĕje？"（怎么回事？）我惊慌失措，不由得倒退一步，却被某件东西绊了一下，摔倒在地。这下乱了套，喊叫声响起，五六个人突然冒了出来。木屋里一片混乱。我爬起身冲向门口。院内的屋子里传来更多喊叫声，灯也亮了，还伴有枪支咔嗒咔嗒的上膛声。我企图逃跑，却不料撞上房门，再次摔倒在地，不仅丢了手枪，还耽误了宝贵的几秒钟。没等我逃过院子，子弹就危险地从我身旁掠过。太近了。我赶紧趴下，随后向前爬去，刚想再次跳起身，黑洞洞的枪口逼住我，完了！

"Ty německá prasata！"（你这个德国混蛋！）

对方用枪对着我，慢慢走了过来。更多捷克人从后面赶上来，把我围成个半圆圈。我躺在地上，摊开双臂，示意手里没武器，随后听见屁股旁边的草地传来脚步声，我的后脑勺挨了重重一击，立马失去了知觉。

我的逃亡生涯就此结束，落入捷克游击队员手里。没等我从被俘的厄运中清醒过来，第二天他们就把我拖上马车，命令我坐在后面，押着我赶往下一个村庄。那个村子里还有一群跟我落得同样下场的德国兵。在村内市场，我重重摔倒在鹅卵石地上，捷克人用鞭子抽我，把我赶到其他战俘身旁。我四肢并用爬了过去，幸亏几名战俘的腿护住我。最后我按照捷克人的命令，高举双手靠墙站立。

一站就是大半天，我们一个个脸色苍白，四肢酸痛。围在旁边的捷克人醉醺醺的，显然为胜利欢欣鼓舞。他们想朝我们这些倒霉的德国兵发泄怒火，但没拿定主意，到底是枪毙我们，还是把我们痛殴到死，或者干脆绞死我们。他们争论不休，更多捷克人加入其中，跟着出主意。有个捷克人喝得神志不清，腰上挂着子弹带，攥着手枪一次次穿过人群，每次都用手枪指着我们的头。他嘟嘟囔囔，发出恶毒的咒骂，待面前遭受虐待的战俘吓得瑟瑟发抖，他就扣动扳机，咔嗒！枪没响。然后他扳回枪机，朝下一个受害者走去。

捷克人最后命令我们集合，排成不长的队伍走向下一个村子，同样的场面再次上演。我们动辄遭到殴打和虐待，所有人参与其中，有年轻人也有老人，有男人也有女人。德国士兵的尸体倒在路边，不是被枪毙的，就是被捅死的。Vae victis（失败者活该倒霉），这就是刚刚到来的和平的座右铭。不少德国士兵真希望战争卷土重来，至少能把部分命运掌握在自己手里。可在这里，我们只能听凭愤怒的民众摆布。

幸亏一支红军巡逻队开抵，结束了捷克人施加的羞辱，他们正式俘虏我们，把我们带到某座城堡脚下的临时收容营地。眼下已是5月中旬，可夜里还是很冷。我满身瘀痕和小伤口，再加上一直睡在冰冷的地上，又缺乏营养，身体状况迅速恶化，很快就发烧了。

关键时刻，亲密的战友关系又一次救了我，后撤作战期间结识的一名猎兵给我喂饭，还多次把他微薄的伙食分给我。几天后，我的身体渐渐康复，总算能走到城堡了。

一周后，苏联人着手清理营地，把我们押到省里的火车站，命令我们登上牛棚车，每节车厢40人。火车载着我们向南驶去。途中我们看见一些奥地利城镇的路标，迅速燃起很快就能回家的希望。可火车带着我们越来越远地离开祖国，最后驶入布达佩斯。而在罗马尼亚境内，窄轨铁路改成宽轨铁路，此时，就连最乐观的人也知道我们的下场是什么了，在苏联腹地监禁数年的前景等着我们。对不少战俘来说，这是他们此生最后一次旅程。当时，我快满20岁了。

运送战俘的牛棚车一连行驶了四个星期。车厢里的设施很简陋，没有稻草，没有取暖的炉子，只有硬邦邦的木地板，地板中间开了个小洞，好让我们途中方便。车厢上有两扇小窗，用铁丝网封闭，沉甸甸的铁锁锁上车厢门。我们只能轮流睡觉，三分之二的战俘靠墙站立，其他人睡在中间。过了好几天，苏联人才给我们供应第一顿饭菜。到达匈牙利东部，终于给我们送来白菜汤。火车随后驶入乌克兰境内，我们在某个货运站场周围站了好几天，首次得知目的地究竟是哪里。几名警卫透露，要把我们送到伏尔加河附近的某个军工厂。

火车拉着汽笛减缓速度，终于停在苏联中部庞大的工业城戈尔基。我们看见远处伫立着巨大的高炉。此处位于奥卡河与伏尔加河交汇部，过去几十年，苏维埃政权在这里建立了巨大的军工生产中心。每个月都有数百辆坦克、数千辆卡车驶出工厂庞大的厂房。整座城市一直忙于生产，战争结束后，城市周围建起几座大型战俘营。他们眼下急需工人，首先是因为饱受战火摧残的苏联需要重建，其次是因为他们跟西方国家的大规模军备竞赛开始了。

我们除了虱子，剃了光头，最后的随身物品也被收缴后，终于搬入新家——你得有强烈的反讽感，才能把这些度日如年的营房称为家。营房的墙壁用木板制成，呼啸的寒风不停穿过刨得不平的木板。这种情形告诉我们，接下来的日子不好过，尤其是冬季。屋内有没有取暖设施无关紧要，反正也起不到任何作用。左右两侧靠墙处，苏联人搭设了三层木制高低床。囚禁的头几个月，营房空间小得可怜，就连床铺间的过道也挤得满满当当。

直到许多战俘死于疾病或过度劳累，居住空间才获得"改善"。营房外有一块很大的点名场，每天早上五点半，我们都得在那里集合点名，之后列队出发，去几千米外的地方干活。除了圣诞节和复活节各放一天假，一年四季，我们每周干七天。

我所在的劳工队也称为大队，起初负责填充高炉。我们的工作是用独轮车把各种原矿石、废金属、煤炭运到斜槽旁，再把这些东西铲进去。工作很艰苦，你得不停地攀爬，车上的负载很重，还不能休息，因为每天都得完成最低限额。要是完不成任务，就会扣你的口粮，会让你消瘦的身体更加虚弱，最后很可能送命。幸亏我们这组都很卖力，工作完成得很好。我们采用分工合作的方式，很快就超额完成任务。这样一来，分发食物的时候，我们这组获得特殊定量，恰恰是我们目前急需的。

尽管如此，我们还是抓住各种机会"安排一下"，这句暗语人人都懂，指的是以种种手段搞到食物、衣物或其他必需品。我们在伏尔加河畔卸载驳船期间，多次做出"安排"。虽说有严厉的惩戒规定，但在没人看管的情况下，我们还是会像喜鹊那样偷东西。

某天发生的事情令我记忆犹新。一条满载土豆的船刚刚靠岸，当晚必须卸载，于是我们拎上篮子和麻袋，忙着把船上的货物运入土豆仓库。我在驳船和仓库间来回奔波，隔一会儿就把一颗土豆丢入路边的排水沟。收工后，我找了条麻袋，把那些战利品装进去，藏在棉衣下。我想着很快能美餐一顿，开心地返回营地，结果被一个年轻军官拦住。当然，他立马发现我肚子下鼓鼓囊囊，不仅没收了这袋土豆，扇了我一巴掌，还命令我明天早上找他接受惩处。我记得当初受训期间，在德拉瓦河桥上发生过类似的事情，我当然不会傻乎乎地奉命行事。因此，第二天早上，那个军官气冲冲地在战俘队列里来回逡巡，想找出昨晚的涉事人，我一声没吭。黑暗中他可能没看清我的脸，就这样，我逃过一劫。

几个月后，冬季来临。苏联冰冷刺骨的寒风可怕至极，只有亲身经历过的人才能明白，言语根本无法描述冷得要命的那几个月。必须指出，我所在的高炉突击队情况稍好些，工作地离炉子很近，还算暖和。相比之下，每天去树林干活的伐木突击队就惨透了。

好多人死在这片冰冻的地狱。早上醒来，发现睡在旁边的人冻僵了，这种事是家常便饭。我们每天早上都把尸体抬出营房，放上马车，驶向某条峡谷，那里就是他们的安息地。没有祷告，也没有标出墓地的十字架。有几次我也分配到安葬突击队。有个来自萨尔茨堡的战友，几天前还睡在我旁边的床铺上，现在却了无生气地压在一层冻僵的尸体下。我把从高炉里弄出来的矿渣铲到他身上，不由得想起他当初不无自豪地跟我说起两个天使般的女儿。入睡前，他有时候会跟我聊一些个人生活的细节。我失声痛哭，但没有落下一滴眼泪，零下30摄氏度的气温太冷了。这就是我们这些战俘在苏联的苦难处境。

随着春日回归，我们这群瘦弱的战俘恢复了对生活的热情。1946年，苏联人越来越多地把我们派往戈尔基周边地区。我们在那里的工作主要是帮着打理集体农场。

我们有时候去远离战俘营的地方干活，晚上睡在集体农场。条件当然也不太好，但没有铁丝网。我记得，苏联百姓对待我们这些战俘的态度不太一样。有些农民请我们坐在同一张桌上，分享他们微薄的食物，也有些人根本不在乎我们的命。

我那时候住在戈尔基郊外某个苏联农民家里，帮着干各种农活。不是我自吹，我操犁比这群农民熟练得多，因而受到他们尊重。当然，这家人对我也很好，我们的关系处得不错。

某天，农民的妻子让我坐电车去城外采点荨麻。于是我拎着篮子跑到森林里，找到一片不大的荨麻地，立即采摘起来。突然，一个上了年纪的苏联人拎着铁棍朝我冲来。没等我解释，他一棍子敲到我头上，我本能地举起双手保护自己，然后赶紧逃离危险地。可不知什么原因，他一个劲儿地追我，大声咒骂，还用铁棍揍我的头和胸部。我觉察到鲜血顺着脸颊汩汩而下，两条腿渐渐发软。要是不赶紧从这个疯子身边逃开的话，他肯定会要了我的命。反过来说，倘若我还击，打伤他的话，可能会给自己带来大麻烦。那些日子，对战俘毫无公正可言。

我摇摇晃晃，拼尽最后一丝力气跑到一座小农舍，攥起拳头狠劲敲门。开门的是个老太太，她见到了眼前发生的事情，立即大声呵斥追我的苏联人，迫使他悻悻离开。我站在那里，双膝无力，头上血流不止，可老太太没帮我，还在我面前砰地关上门，任由我站在雨里。

我神情恍惚，跌跌撞撞地走回车站，搭电车返回我住的农民家。途中儿百人看见我凄惨的模样，可没有一个想帮我。相反，他们像躲避瘟疫那样避开我，尽管车厢里很挤，可他们还是离我远远的。一个德国战俘的性命，在这个胜利的国家究竟算什么呢？我就得当牛做马，真死了的话，那倒一了百了。

鲜血浸透了我的衬衫，剃成秃瓢的头上结了层薄薄的痂。就这样，我好不容易回到住处。看见我的模样，女主人拍拍头，深深叹了口气。她噙着泪水，扶着我再也支撑不住的身子，把我带到厨房。我最后记得的是，她让我坐在椅子上，随后，我眼前一黑，失去了知觉。

几天后，我在戈尔基市立医院里醒来，发觉自己躺在真正的床上，身下铺着白床单，宛如置身另一个世界。医生的到来打破了病房里不愉快的气氛。她只是检查了我的脉搏、绷带、体温，什么也没说就转向下一个病人。

这种情况持续了好几天，终于迎来探访者。是农民的妻子。我从她的神情能看出，她真心为我病情好转而高兴。她随后跟我说了那天把我拽入厨房后发生的事情。我俄语马马虎虎，所以听明白她的话没什么问题。她连说带比画，我才知道那天她和她丈夫找了辆马车把我送到医院。幸运的是，他们想办法让我住院治疗。医护人员替我清理、缝合了伤口，可没过多久我发起高烧。起初，医生对能不能控制我的体温一点没有把握，毕竟我的身子太弱了。几天后，农民的妻子又来看我，坐在我身旁，我的病情明显好转。感谢上帝，我还没彻底丧失抵抗力。

除了头上的伤，我身上布满瘀伤。那个苏联老汉用铁棍狠狠揍我，把我打得面目全非，但另一方面，救我的也是苏联人。要不是农夫的妻子伸出援手，我肯定没命了。既有好人也有坏人，每个国家都是如此，这可能是我不愉快的囚禁生涯中最重要的认识。当然，"轻松的住院时光"没持续太久，医务委员会裁定我适合工作，又让我回军工厂干活。

事后回想起来，这段短暂的休养对我很有好处。我的体重和精神都有所恢复，现在满怀信心地期盼未来了。回到军工厂，我经历了坦克生产的各个阶段，一直干到获释。从焊接车体到放置炮塔，再到喷涂伪装漆，整个T-34坦克的生产工序，几乎所有活儿我都干过。

1947年年初，我们这些战俘的日子总算有所改善，苏联人给我们发了新棉衣，还有内填稻草的毯子。食物依然稀少，而且还是老一套。这段时间，我还首次获准给家里写信，信件由红十字会转交。一张普普通通的明信片上只准写25个字，没错，一个字也不能多！当然，明信片上的内容会受到审查。

不管怎么说，我谨慎地选择了措辞："亲爱的家人！我很好，很健康，很快就能回家……"都是诸如此类的话。我后来得知，家里人一直以为我不在了，这是他们近两年来首次得知我还活着的消息。战争最后几个月，我下落不明，父亲疯了似的到处打听，有人直截了当地告诉他，有报告称我阵亡了。父亲得知，捷克游击队在布尔诺附近把我打死了。这条消息直到1947年才得到纠正，此时我显然还活着。

和生活中的各个阶段一样，我当战俘的日子终于要结束了。1947年夏季，我们很快要遣返的说法传得越来越广，已经有狱友提前离开了战俘营。苏联人故意散布各种说法，把我们搞得心神不宁，他们很擅长干这种事，一会儿说只有奥地利人能回国，一会儿又宣布所有遣返工作彻底停了。你得有坚强的意志，才不会被一次次的失望打垮。眼下最重要的是耐心，时候到了自然会获得回报，我们都希望是这样。这一刻到来前，保持身体健康、负重前进很重要。我日思夜想，一心期盼回家，回到东施蒂里亚山区。

第十章
结束的开始

又一个冬季到来，这是我在苏联境内度过的第五个，也是最后一个冬季。1947年11月底，战俘营突然热闹起来，人人兴奋不已，大批相当实用的冬装运到了。据说我们这些战俘要换上新衣服遣返回国。不过，大多数人对眼前发生的事情将信将疑。因为以前也有类似的传言，但并没有成真。

但我这回怀疑错了。最后一次除虱，交还肮脏、破旧的工作服后，我们列队前往火车站。随后遇到一群苏联警卫，他们领着我们踏上德国战俘铺就的道路，进入一片工业区。几百名奥地利战俘登上等候在此的货运列车。火车开动后，我们暗自抑制内心的喜悦，这个时候谁也不想惹恼苏联人。火车一路向西，我们的心情越来越好。这条路线取道莫斯科通往乌克兰南部，经敖德萨向北。我们到达罗马尼亚，又进入匈牙利境内，几乎跟1943—1944年后撤期间我艰难跋涉的是同一条路。火车不时停下，给其他列车让道，一停就是好长时间。

我们终于越过奥地利新边界，驶入维也纳新城，此时的心情难以言述，一个个兴奋不已。一大群人等待我们这些归国者，既有喜悦的泪水，也有失望的神情。几乎每一刻都有亲属上前询问家人的下落。站台上站着好多可爱的孩子，小小的手里举着寻人牌，牌子上贴着他们下落不明的父亲的照片。这种场面让人心碎。可惜，我们这些归国者也提供不了太多他们想知道的情况。

接待人员给我们供应了营养餐，每人还发了50先令。等了几个小时，我搭下一班列车前往格拉茨，再从那里转长途汽车赶往菲尔斯滕费尔德。1947年圣诞夜中午前后，我和儿名战友终于回到家乡。从车站到家里农场的最后几千米得步行，我迈开大步，踏上漫长旅程的最后一段。

每走一步，我的心都跳得更激烈。这一切是真的吗？经历了五年的磨难，我真的回到家乡了吗？就在这时，我看见妹妹约翰娜，所有疑虑顿时烟消云散。她从电话里得知我回来了，赶紧跑出来，等在土路上接我。重逢令人欣喜若狂，我俩拥抱在一起。最后一段路像浮云飘散那样走完了。

我不在的这段时间，家里变化很大。母亲和许多亲友的离世让我的心情格外沉重。我用了很长时间才重新习惯自己的家。软乎乎的弹簧床、定时送上的饭菜、温暖的房间，特别是亲人的陪伴，我对这一切起初有点陌生。父亲凡事谨慎的性格，对我重新融入平民生活有很大帮助。他亲眼见到我还活着，一时间喜不自胜，泪水夺眶而出。这辈子我只看见他失态过一次，就是这次。

除了精神，我的身体也做出不同寻常的反应。回到家里的前几个星期，我的体重几乎每天都在增加。经受了常年饥饿，我的身体贪婪地吸收各种营养，最胖的时候，体重达到85千克，要知道，我身高还不到一米七。

几个月后，我首次参加村里举办的节日盛会，几乎认不出身边那些年轻人。忙乱、喧闹的场面告诉我，他们早已把过往抛之脑后，就好像战争从没发生过似的。可在前线军人的心中，永远忘不了那些年的厮杀和种种匮乏。死亡和生存的极度渴求成为理所当然的事，你该如何应对？又有谁理解？二十世纪下半叶到来，那段艰难的日子容不得丝毫多愁善感，重建家园需要每个人倾尽全力，战时经历不得不放在一旁。可哪有这么容易？

我攥着镰刀，跟父亲站在家里农场的陡坡上。他填满烟斗，深深吸了一口，烟雾飘入空中。他以专业的目光扫向斜坡。一如既往，草地翠绿，空气中弥漫着丰收的气息。

"就从那里开始吧，草长得太高了。"

我沉默片刻，中士端着冲锋枪站在门口的情景又一次浮现在脑海。

"好的，父亲，听你的！"

"干活吧……"

汉斯（左）和他的父亲（右）。

尾声

我的战争经历发生在半个世纪前，很难按照完美的时间顺序加以叙述。所以，请读者原谅我们在时间和地点上有可能犯下的错误。除了凭借记忆或日记里的明确记载，其他的时间和地点要么来自相关著作或档案，要么就是跟第3山地师幸存的老兵交谈后弄清的。

书里记载的事情都是真的，证明了战争对民众的恶劣影响。如果您是在和平、繁荣、政治稳定的环境下长大的，那么您就应该明智地评判参与二战的老兵。理想世界与战争血腥的现实，存在极大的差异。仅凭一本书、一部电影或对世界上发生的事情做出深入研究的文档，根本无法弥补这种差异。只有真正经历过战争的人才会全力维持和平。

读者朋友可能想知道，我和书里提到的另一些人战后的情况怎样。嗯，我最后接管了父母的农场，成了家，跟我少年时期想的一模一样。在大自然里干活，跟牲畜打交道，是我这辈子最喜欢的工作。如我所愿，我在山民间，在家庭、信仰、村庄中获得坚实的依靠。我的校友和战友托尼，1949年才从苏联获释回国。他憔悴不堪，但还活着。他也接管了父亲的农场，一辈子务农。我总算有了个伙伴，我们经常凑到一起谈论那场战争。事后看来，这些交流对抚平我们遭受的诸多创伤很有好处。

阿尔萨斯人呢？很可惜我不知道，战争最后几天无比混乱，他消失得无影无踪。他平安到家了吗？我真心期盼是这样。要不是他，我今天不可能写下这些回忆，他无数次救了我的命。

我陷入沉思，目光投向厨房的窗户，窗上结满霜花。屋外卷起风暴，还下起雪来。灰白色帷幔覆盖地面，宛如1944年2月的情形。

突然，雪地里出现一个身影，似乎在朝我招手。我听见轻柔但又熟悉的声音传来："快点，汉斯，过来……我们等你呢！"

我闭上双眼……

走吧……